W0321551

GOLDMANN
Lesen erleben

Buch

Unseren Vorfahren noch geläufig, wird das Wissen um die Einflüsse der Mondrhythmen auf unser Leben erst seit wenigen Jahren wiederentdeckt. Mit Hilfe des praktischen Jahrbuchs lässt sich dieses Wissen für den Alltag nutzen. Die Autoren machen Tag für Tag mit den Grundregeln für Gesundheit und Garten, Haushalt und Renovieren vertraut und benennen den richtigen Zeitpunkt für zahlreiche Tätigkeiten.

Autoren

Johanna Paungger wuchs in engster Vertrautheit mit den Mond- und Naturrhythmen auf. Ihr Großvater ließ sie teilhaben an seinem immensen Wissen um eine gesunde Lebensführung und Vitalität bis ins hohe Alter. Thomas Poppe, Autor und Übersetzer, beschäftigt sich seit vielen Jahren mit den Einflüssen der Mondrhythmen auf den Alltag. Gemeinsam schrieben sie die Longseller *Vom richtigen Zeitpunkt*, *Aus eigener Kraft* und *Alles erlaubt!*, die eine Renaissance des Gesundheitsbewusstseins einläuteten und unzählige praktische Tipps für den Lebensalltag bereitstellen. Darüber hinaus haben sie ein umfangreiches Kalenderprogramm entwickelt, das Tag für Tag die Erkenntnisse des Mondwissens praktisch umsetzt. Neben ausgedehnter Vortragstätigkeit im gesamten deutschsprachigen Raum betreiben die Autoren auch einen kleinen Versand mit selbst entwickelten und zum richtigen Zeitpunkt hergestellten Produkten.

Von Johanna Paungger und Thomas Poppe
außerdem erschienen:

Moon Power (39253) · Fragen an den Mond (17349) · Alles erlaubt! (17461) · Aus eigener Kraft (13972) · Fit zum richtigen Zeitpunkt – Die Mondgymnastik (17765) · Der lebendige Garten (17581) · Bauen mit dem Mond (17744) · Das Mondlexikon (17172) · Jahresübersichten 2021–2031 (31928) · Das Tiroler Zahlenrad (17583) · Lebenschance Tiroler Zahlenrad (17398)

Außerdem das umfassende Kalenderprogramm für »Das Mondjahr 2021«:

Abreißkalender · Taschenkalender · Taschenkalender, farbig · Foto-Wandkalender · Wochenkalender · Familienkalender · Wand-Spiralkalender · Gartenkalender · Garten-Wandkalender · Zeit für mich · Streifenkalender · NEU: Garten-Streifenkalender

Johanna Paungger
Thomas Poppe

Das Mond-Jahrbuch 2021

GOLDMANN

Die Ratschläge in diesem Buch wurden von den Autoren und vom Verlag sorgfältig erwogen und geprüft, dennoch kann eine Garantie nicht übernommen werden. Eine Haftung der Autoren bzw. des Verlags und seiner Beauftragten für Personen-, Sach- und Vermögensschäden ist ausgeschlossen.

Wir haben uns bemüht, alle Rechteinhaber ausfindig zu machen, verlagsüblich zu nennen und zu honorieren. Sollte uns dies im Einzelfall aufgrund der schlechten Quellenlage bedauerlicherweise einmal nicht möglich gewesen sein, werden wir begründete Ansprüche selbstverständlich erfüllen.

Sollte diese Publikation Links auf Webseiten Dritter enthalten, so übernehmen wir für deren Inhalte keine Haftung, da wir uns diese nicht zu eigen machen, sondern lediglich auf deren Stand zum Zeitpunkt der Erstveröffentlichung verweisen.

Dieses Buch ist auch als E-Book erhältlich.

FSC www.fsc.org MIX Papier aus verantwortungsvollen Quellen FSC® C014496

Verlagsgruppe Random House FSC® N001967

1. Auflage
Originalausgabe Mai 2020

Neumarkter Str. 28, 81673 München
Umschlaggestaltung: UNO Werbeagentur, München
Umschlagfoto: FinePic
Satz: Uhl + Massopust, Aalen
Druck und Bindung: GGP Media GmbH, Pößneck
CH · Herstellung: CB
Printed in Germany
ISBN 978-3-442-17869-8
www.goldmann-verlag.de

Besuchen Sie den Goldmann Verlag im Netz

Herzlich willkommen im neuen Jahr 2021!

Nicht dein Rücken tut weh, sondern die Last.
Nicht deine Augen schmerzen, sondern die Ungerechtigkeit.
Nicht dein Kopf schmerzt, sondern deine Gedanken.
Nicht die Kehle, sondern das,
was du nicht ausdrückst oder mit Wut sagst.
Nicht der Magen tut weh, sondern was die Seele nicht verdaut.
Nicht die Leber schmerzt, sondern die Wut.
Nicht dein Herz tut weh, sondern die Liebe.
Und es ist die Liebe selbst,
welche die mächtigste Medizin beinhaltet.
Ada Luz Márquez

Liebe Leserinnen und Leser,

jedes neue Jahr hat eine ganz besondere eigene »Färbung« im Gepäck, in die Zeit hinein gemalt von den Zahlen, aus denen sich das Jahr zusammensetzt. Schwarz/Blau und Rot – das sind die Farben des Jahres 2021. Die Eins leitet für dieses Jahr eine aktive Zeit ein. Der Blick hinter die Kulissen auf allen Ebenen fällt leichter, man ist eher bereit, für etwas zu kämpfen. Für das Gute zu kämpfen lohnt sich immer, und für egoistische Ziele zu kämpfen, dafür sollte man auch in diesem Jahr kein Gramm Energie verschwenden. So viele Jahre lang haben wir uns zu viel gefallen lassen müssen und zu oft gehofft, dass die Vernunft doch noch siegen wird. Das ist in der Vergangenheit meist nicht der Fall gewesen, und wir sollten einiges in Zukunft selbst in die Hand nehmen. Politisch wie privat, mit Blick auf die etablierten Religionen wie aufs Schulsystem.

Die von klein auf andressierte Pflicht zum Gehorsam hat viele von uns in Abhängigkeiten geführt, die es nicht wert sind, gelebt zu werden. »Der Klügere gibt nach?« Das ist sicher manchmal sinnvoll als Leitlinie. Aber als Grundprinzip im Leben ist es der sicherste Weg zu einer Diktatur der Narren. Kaum ein Spruch hatte in der Vergangenheit eine verheerendere Wirkung. Warum erkennen wir nicht die Gefahr, die von solchen törichten Sprüchen ausgeht?

Glücklicherweise tut sich inzwischen einiges bei unseren jungen LehrerInnen, PolitikerInnen und irgendwann vielleicht auch mit den Religionen. Wann begreifen wir, dass der Weg zum echten Miteinander uns alle angeht und dass ein Gegeneinander uns alle trennt? Solange Machtgier und erstarrte Religion herrschen, werden wir nie Frieden finden. Beides gehört abgeschafft, damit sich echter Glaube (gleichgültig, welcher Religion man angehört) und echtes Miteinander entwickeln können.

Blinder Gehorsam macht blind und ist zu jedem Zeitpunkt unangebracht. Er führt uns in Abhängigkeiten und verwandelt uns in Marionetten. Das neue Jahr 2021 wäre da eine gute Gelegenheit, Selbstverantwortung und Mut zu leben. Im täglichen Umgang sollten wir üben, unsere Meinung zu vertreten und nicht aus falsch verstandener Loyalität gehorsam zu sein und alles kampflos hinzunehmen. Freilich scheint es oft im Augenblick »sicherer« und bequemer, den Mund zu halten, aber das führt in eine Sackgasse und zu chronischem Stress. Denken Sie an den Spruch: »Stress ist *Ja* handeln und *Nein* fühlen oder *Nein* handeln und *Ja* fühlen.«

Lernen Sie Ihre Stimme zu erheben, damit die Welt wieder mehr zusammenrückt, und beteiligen Sie sich niemals bei der Errichtung und Anbetung von Feindbildern. Vertrauen Sie Ihrer eigenen Meinung und Stimme und werfen Sie zuerst einen Blick hinter die Kulissen und denken Sie die Dinge zu Ende. Das Jahr 2021 eignet sich ganz besonders für friedliche Befreiungsaktionen aller Art!

Ihre Johanna Paungger & Thomas Poppe

Paungger & Poppe seit 1991 – Bücher, Kalender und vieles mehr...

Umweltschutz, Heilkunde, naturgemäßer Hausbau, giftfreier Betrieb von Gartenbau und Landwirtschaft und viele weitere Tätigkeitsfelder waren früher ohne das Wissen um die Mond- und Naturrhythmen gar nicht denkbar. Sich an dieses Wissen zu erinnern gehört zu den wichtigsten Aufgaben von morgen. Mit unseren Büchern versuchen wir, unseren LeserInnen zu ermöglichen, ganz neu einzusteigen und umzudenken, ohne jede Vorkenntnisse, was den Mondeinfluss betrifft. Versuchen Sie es einfach und lassen Sie sich vom Ergebnis überzeugen.

- ***Moon Power*** (Mosaik Verlag). Das Buch enthält alles Wichtige zum Thema Einfluss von Mond- und Naturrhythmen, aufbauend auf den zusätzlichen Erfahrungen der letzten 20 Jahre im Gespräch mit vielen LeserInnen in aller Welt. Ein Buch, das Sie getrost als »Übersetzungshilfe« und kleinen Wegweiser Ihren Söhnen und Töchtern, Nichten und Neffen, Enkeln und allen anderen jungen und junggebliebenen Menschen anbieten können, die sich für eine gültige Antwort auf die Frage interessieren: »Wie bauen wir eine gute Zukunft für alle?«
- ***Fragen an den Mond*** *– 250 Antworten zu Gesundheit, Haushalt und Garten im Einklang mit dem Mond* (Goldmann Verlag). Seit 1991 erhalten wir im Durchschnitt 5 bis 30 Leseranfragen täglich, die wir bis heute persönlich und direkt beantworten. Die wichtigsten und häufigsten Fragen und Antworten bringen wir hier unseren LeserInnen nahe.
- ***Das Tiroler Zahlenrad*** (Goldmann Verlag). Von der bedachten Kindererziehung bis zur Berufswahl auf Basis tatsächlich vor-

handener, aber vielleicht noch versteckter Talente – bei alledem kann das hier verborgene Wissen eine große Hilfe sein.

- ***Lebenschance Tiroler Zahlenrad*** (Goldmann Verlag). Mit dem Buch der Lebenschancen erweitern wir das Spektrum der Anwendungsmöglichkeiten des Zahlenrads um einen großen Schritt. Das Zahlenrad als Schlüssel zur Zufriedenheit der Seele – in allen Altersstufen und Lebenslagen!
- ***Der lebendige Garten*** – *Gärtnern zum richtigen Zeitpunkt in Harmonie mit Mond- und Naturrhythmen* (Goldmann Verlag). Wir zeigen, worauf es beim Gärtnern wirklich ankommt, nämlich auf die Kunst des richtigen Zeitpunkts und die Harmonie zwischen Mensch und Natur.
- ***Alles erlaubt!*** *Ernährung, Körperpflege, Schönheit – zum richtigen Zeitpunkt* (Goldmann Verlag). Das Buch gibt diesen wichtigen Bereichen unseres Alltags ein neues Fundament – jenseits des Diktats der Diätregeln und Kalorientabellen. Mit Alpha-/Omega-Ernährungsberatung!
- ***Aus eigener Kraft*** (Goldmann Verlag). Das Werk befasst sich ausführlich mit dem Zusammenhang zwischen Mondphasen und Mondstand im Tierkreis und Wirkung vorbeugender und heilender Maßnahmen für Körper, Geist und Seele.
- ***Bauen mit dem Mond – Renovieren, Hausbau, Holzverarbeitung zum richtigen Zeitpunkt*** (Goldmann Verlag). Das Buch kommt dem Leser mit jahrtausendealtem Wissen zu Hilfe, um Chemiegifte und Konservierungsmittel entbehrlich zu machen und Krankheiten den Boden zu entziehen.
- ***Vom richtigen Zeitpunkt*** (Irisiana). Unser Klassiker, mit dem alles anfing, 2014 bearbeitet und erweitert!
- ***Fit zum richtigen Zeitpunkt – Die Mondgymnastik*** (Goldmann Verlag). »Ich bin jetzt schon 81, aber seit ich die Mondgymnastik mache, musste ich nicht mehr zum Arzt.« Ein Zitat aus einem

der vielen Briefe, die uns erreicht haben. Das Geheimnis dieser Gymnastik liegt im richtigen Zeitpunkt. Das Buch weist einen einfachen und direkten Weg zur körperlichen Aufwärtsspirale.

Ein rundes Mondkalender-Programm

Unsere Bücher begleiten wir seit Jahren mit einem vielfältigen Mondkalender-Programm:

- NEU! ***Der Streifenkalender***, der überall Platz findet! Er sucht sich mühelos ein Plätzchen, etwa wie bei uns zu Hause im Türrahmen. Er wartet nur darauf, Ihnen bei vielen Alltagsentscheidungen zur Seite zu stehen. Mit allen Symbolen in Farbe, die auch im Taschenkalender enthalten sind. Im Format 12 x 60 cm.
- ***Das Mondjahr – Zeit für mich.*** Im Einklang mit dem Mond leben heißt, im Einklang mit sich selbst leben – ausgeglichen, vital und von natürlicher Schönheit. In diesem Kalender teilt Johanna Paungger ihren immensen Wissensschatz rund um Schönheitspflege, Ernährung, Gesundheit und Fitness zum richtigen Zeitpunkt. Ein wertvoller Begleiter für jede Frau, im praktischen Handtaschenformat von 11,5 x 16 cm.
- ***Der Gartenspiralkalender.*** Der richtige Zeitpunkt kann Ihren Garten in ein Paradies verwandeln, wenn Sie ihn kennenlernen und beherzigen. Fürs Kennenlernen sind wir da, das Beherzigen ist Ihr persönliches Abenteuer. **Auch im Großformat (14,8 x 21 cm) für die Wand, mit wunderbaren Garten- und Naturfotos, und als Streifenkalender (Format 12 x 60 cm).**
- ***Der Spiral-Wandkalender.*** Auf Anregung vieler LeserInnen haben wir dieses Kalenderformat ins Programm aufgenommen. Ein ganzer Monat auf einen Blick, mit farbigen Tätigkeitssymbolen und viel Platz für Notizen und obendrein noch ein schönes Mondfoto im Querformat – das unentbehrliche Werkzeug im Jumbo-Format, mit den Maßen 33 x 48,5 cm.
- Das bewährte Mondjahr als ***Taschenkalender*** in Schwarz-Weiß und in Farbe. 160 Seiten im Format 14,5 x 10,5 cm. Das ideale

Büchlein auch für Neueinsteiger. Mit Symbolen und Texten für eine Vielzahl von Tätigkeiten und einer Serie von Mini-Kalendern!

- ***Der Foto-Wandkalender.*** Zwölf wunderschöne Landschaftsfotos mit Mond verwandeln diesen Monatskalender in eine Zierde für Heim und Büro. Enthält sämtliche Symbole und Texte, die auch im Taschenkalender zu finden sind. Viel Mondwissen auf einen Blick im Format 28 x 32 cm.
- ***Die Jahresübersichten 2021–2031.*** 11 Jahre Mondkalender im DIN-A5-Format, eine Loseblattsammlung, wie sie auch unseren ersten beiden Büchern beiliegt. Das unentbehrliche Werkzeug in seiner einfachsten Form. Speziell für alle LeserInnen gedacht, deren Buch-Kalender abgelaufen sind.
- Der Original Paungger & Poppe ***Abreißkalender***. Das Mondjahr für jeden Tag. Mit vielen Mini-Geschichten, die das Wirken der Mondrhythmen leicht verständlich nahebringen, mit zeitlosen Weisheiten und natürlich mit den Grundregeln des Mondwissens. Enthält die vollständige Symbolsammlung. Format 13 x 11,5 cm. Mit einer erweiterten Serie von Mini-Kalendern für verschiedene Tätigkeiten!
- Der ***Wochenplaner*** für den Schreibtisch mit allen Symbolen und Texten, die auch ***Das Mondjahr*** enthält. Zum Aufstellen für den Schreibtisch im Format 32 x 11 cm.
- Das Mondjahr als ***Familienkalender***. Das bewährte Mondjahr im beliebten Familienkalender-Format. Ein unentbehrlicher Begleiter durch den Termindschungel Ihrer Familie! Mit allen Symbolen und schönen Mondfotos!
- Und schließlich: ***Das Mond-Jahrbuch***. Die Idee unseres russischen Verlages: Der Abreißkalender als handliches Taschenbuch! Die bunte Vielfalt von Tipps, Merksprüchen usw. zum immer wieder Nachschlagen und Sammeln. Die ideale Lektüre fürs Nachtkästchen.

Und so verwenden Sie Kalender und Symbole

Bei seinem 28-tägigen Lauf um die Erde durchwandert der Mond dieselben Tierkreiszeichen wie die Sonne, hält sich aber in jedem Zeichen nur zwei bis drei Tage lang auf. Gleichzeitig mit diesem »Mondstand im Tierkreis« und in Harmonie mit den Mondphasen macht sich auf der Erde ein deutlicher Einfluss bemerkbar, den wir im Alltag in vielfältigster Weise nützen können, in jedem Lebensbereich.

So regiert jedes Tierkreiszeichen eine Körperzone, beeinflusst einen Pflanzenteil und besitzt eine Nahrungsqualität. Diese Informationen sind täglich angegeben und können mit Hilfe unserer Bücher ausgewertet und im Alltag umgesetzt werden. Die kräftig gedruckten Symbole zeigen Ihnen auf einen Blick, welche Tätigkeit gerade besonders begünstigt ist. Ist das Symbol hellgrau dargestellt, dann verspricht die jeweilige Tätigkeit an diesem Tag weniger Erfolg als an allen anderen Tagen. Bitte nicht vergessen: Ein Symbol sagt Ihnen nur, dass sich der jeweilige Tag am besten oder am schlechtesten für die jeweilige Tätigkeit eignet. Das heißt nicht, dass Sie sich bei einem verpassten günstigen Termin Sorgen machen sollten oder dass die Tätigkeit bei einem ungünstigen Termin garantiert ein Misserfolg wird. Wenn Sie beispielsweise einmal bei Fische zum Haareschneiden gehen müssen, gehen Sie einfach beim nächsten Mal bei Löwe oder Jungfrau und heben damit den negativen Fische-Einfluss auf. Dieses Beispiel lässt sich auf fast alle anderen Hinweise und Regeln übertragen. Gebrauchen Sie immer auch Ihr Gespür und Ihren gesunden Menschenverstand. Den Alltag starr nach dem Mondkalender auszurichten macht niemandem Freude und ist nicht in unserem Sinne.

Zunehmender Mond ☽

Abnehmender Mond ☾

Zwischen jedem Neu- und Vollmond geben wir täglich das Symbol für den zunehmenden Mond an, zwischen Voll- und Neumond täglich das Symbol für den abnehmenden Mond. Das ist besonders im Bereich der Gesundheit von Vorteil, weil Sie dann sofort diese beiden wichtigen Mondphasen unterscheiden können.

Neumond ●

Vollmond ○

Die Angabe der genauen Uhrzeit für Neumond und Vollmond ist sinnvoll, besonders dann, wenn der jeweilige Zeitpunkt sehr früh am Tag, zwischen Mitternacht und Morgen liegt. Zwar ist eine Aussage wie »Heute ist Neumond« oder »Heute ist Vollmond« dann richtig, aber bei einem frühen Neumond ist der ganze Tag schon stark vom zunehmenden Mond, bei einem frühen Vollmond vom abnehmenden Mond beeinflusst. Das ist in der Heilkunde von Bedeutung (siehe *Aus eigener Kraft*), aber auch in Gartenbau und Landwirtschaft, denn die besonderen Kräfte der Voll- und Neumondtage machen sich dann am vorherigen Tag am stärksten bemerkbar.

Bei der Angabe der Neu- und Vollmondzeiten ist aus verschiedenen Gründen die Sommerzeit nicht berücksichtigt, unter anderem, weil sich die Natur nicht nach der Sommerzeit richtet.

Bauen, Heimwerken, Verbinden

Dieses Symbol wird Sie immer bei abnehmendem Mond im Tierkreiszeichen Steinbock daran erinnern, dass dies der ideale Zeitpunkt ist, um besonders heikle Arbeiten bei Hausbau und Renovieren giftfrei durchzuführen – und zwar immer dann, wenn es um das *Verbinden* zweier unterschiedlicher Materialien geht: Stein mit Naturboden, Lack mit Metall, Putz mit Beton, Ziegel auf Ziegel, vor allem aber

Holz mit Holz, etwa beim Aufrichten einer Stiege usw. Zur Erinnerung: Der abnehmende Mond eignet sich generell für diese Arbeiten besser als der zunehmende Mond.

Bäume und Sträucher pflanzen

Zu bestimmten Jahreszeiten taucht dieses Symbol im Tierkreiszeichen Jungfrau auf und markiert damit den Zeitpunkt, an dem selbst ältere Pflanzen schnell anwurzeln und kräftig heranwachsen. Was immer Sie an Pflanzarbeiten durchführen wollen, vom Pflanzen eines einzelnen Baumes über Alleen bis hin zum Aufforsten ganzer Waldareale nach einem Sturmschaden – achten Sie auf dieses Symbol, und der Erfolg ist Ihnen gewiss.

Baumköpfen/Intensiver Rückschnitt

Ein Segen für das Budget von Stadtgartendirektionen wäre es, auf dieses Symbol zu achten. Die Maßnahme des »Baumköpfens« richtet sich in erster Linie auf die Behandlung kränkelnder Bäume, sie ist aber auch sehr sinnvoll bei gesunden Pflanzen und Bäumen, die nicht recht gedeihen oder dichter wachsen sollen. Bei Nadelbäumen entfernen Sie einfach ein kurzes Stück der Spitze, knapp oberhalb eines Kranzes von mehreren Seitentrieben. Der Baum empfindet das als starken Wachstumsimpuls und wählt dann von selbst den stärksten Seitentrieb als neue Spitze. Laubgehölze beschneiden Sie so, wie man Haarspitzen schneidet: kein starker Rückschnitt, sondern nur einige Astspitzen am ganzen Baum. Ein radikaler Rückschnitt zur »Wiederbelebung« von Hecken, Bäumen und sonstigen Pflanzen bringt an Neumond ebenfalls beste Ergebnisse.

Blumengießen

Zimmerpflanzen und Balkonpflanzen müssen nicht so oft gegossen werden, wie es den Anschein hat. Gewöhnen Sie Ihre Pflanzen langsam an den im Kalender angegebenen Rhythmus (Gießen nur an Blatttagen: Krebs, Skorpion, Fische). Um die Umgewöhnung zu erleichtern, können Sie anfangs auch an Wurzeltagen (Stier, Jungfrau, Steinbock) gießen, am besten immer mit kalkfreiem Regenwasser oder abgestandenem Wasser. Balkonblumen und manche exotische Pflanzen mit hohem Wasserbedarf müssen Sie dennoch öfters gießen.

Zu häufiges Gießen an Blütentagen (Zwillinge, Waage, Wassermann) lockt Schädlinge an, besonders die Läuse. Gemeinden könnten sich Unsummen sparen, wenn sie bei allen Bewässerungsmaßnahmen öffentlicher Grünanlagen auf dieses Symbol achten würden. Trinkwassereinsparung und gesündere Pflanzen wären ihr Lohn.

Düngen

Achten Sie beim Düngen auf den Mondstand und beobachten Sie, wie gut die Erde bei abnehmendem Mond das jeweilige Düngemittel aufnimmt. Das gilt auch für alle Zimmer- und Balkonpflanzen. Das Symbol finden Sie an allen Tagen, die sich entweder besonders gut oder besonders schlecht fürs Düngen eignen. Generell gilt, dass man eher bei abnehmendem Mond düngen sollte.

Einkochen

Bei abnehmendem Mond Eingekochtes hält stets länger. Wenn Sie bei zunehmendem Mond arbeiten, achten Sie auf ein Fruchtzeichen (Widder, Löwe, Schütze). Obst ist bei zunehmendem Mond zwar saftiger und aromatischer, aber die Fäulnisgefahr ist größer, deshalb am besten sofort verbrauchen. Weil heute vielfach tiefgefrorene Früchte verarbeitet werden, finden Sie dieses Symbol während des ganzen Jahres und auch an Wochenenden. Ein Tipp: Ernten und gefrieren Sie bei zunehmendem Mond an einem Fruchtzeichen, und legen Sie die Weiterverarbeitung in den abnehmenden Mond, ebenfalls an einem Fruchttag.

Ernten, Einkaufen und Lagern

Obst- und Safttage

Das Symbol gibt die günstigen Tage für Ernten und Lagerhaltung an wie auch günstige *Einkaufs-* und *Lagerzeitpunkte*, etwa für das Transportieren und Lagern von Getreide und Kartoffeln (Großfamilien!). Grundsätzlich verderben Lebensmittel bei zunehmendem Mond geerntet oder gelagert schneller, besonders im Sommer bei Gewittern (u.a. wird Milch sauer). Für das Haltbarmachen kleiner Obst- und Gemüsevorräte eignet sich die kleine Holzpyramide aus unserem Versand sehr gut – die natürlichste Form der Konservierung.

Gleichzeitig sind alle Tage mit diesem Symbol (schwarz) sehr gut geeignet, um wenigstens an einem der zwei oder drei Tage eine entlastende *Obst- oder Saftkur* einzulegen. Ein hellgrau gedrucktes Apfel-Symbol bedeutet jedoch *nicht*, dass Ihnen ein Obst- oder Fastentag jetzt schaden würde! Es zeigt nur an, dass sich dieser Tag sehr schlecht als Ernte-, Lager- oder Vorratseinkaufstag eignet.

Fensterputzen

Sie wünschen »streifenfreien Glanz« auf den Augen Ihres Heims? Wenn Sie fürs Fensterputzen die Tage mit diesem Symbol wählen, lernen Sie vielleicht sogar diese Arbeit lieben. Alles geht müheloser, und als Reingungsmittel genügt Wasser mit einem Schuss Spiritus. Ähnlich wie beim Blumengießen zum richtigen Zeitpunkt wird der Erfolg nach einiger Zeit sichtbar und fühlbar. Wenn Sie allerdings an einer verkehrsreichen Straße eine Ladenfront zu putzen haben, dann müssen Sie natürlich öfter reinigen als angegeben.

Gesichtspackung

An diesen Tagen zieht eine Gesichtspackung besonders gut ein, die Haut nimmt optimal auf, was man ihr zuführt. Wenn Sie noch nie Gesichtspackungen angewendet haben, eignen sich diese Tage besonders gut für den Start.

Haareschneiden und -waschen

An diesen Tagen ist Haareschneiden und Haarewaschen besonders günstig. Bei Löwe und Jungfrau im zunehmendem Mond geschnitten, wachsen die Haare schneller, im abnehmenden Mond geschnitten, wachsen sie langsamer und dichter. Übrigens: Wenn Sie sich *täglich* die Haare waschen, sollten Sie zumindest an einem der Fischetage darauf verzichten.

Holzschlagen

Die besten Holzschlagetage sind bei weitem nicht vollständig angegeben, genauere Angaben zu diesem Spezialgebiet finden Sie in unseren Büchern. Nicht vergessen: Alle Holzregeln sind nur gültig, wenn das Holz natürlich trocknet und lagert!

Jäten und Unkrautauszupfen

Damit ist immer das Entfernen des Unkrauts *mitsamt der Wurzel* gemeint. Nur Abschneiden oder Mähen genügt nicht, um sich die Kräfte dieser Tage zunutze zu machen.

Malerarbeiten

Wer schon mit Farben und Lacken in Haushalt oder Beruf gearbeitet hat, wird sicher die Erfahrung gemacht haben, dass die Farbe manchmal nach kurzer Zeit bricht, sich ablöst oder schlecht trocknet. Daran ist nicht immer das Material, die Technik oder die Witterung schuld. Zum richtigen Zeitpunkt verarbeitet hält die Farbe lange, sie splittert nicht ab und ist witterungsbeständiger. Auch giftige Ausgasungen sind dann nicht so stark. Natürlich sind trotzdem alle üblichen Vorbereitungsmaßnahmen – Schleifen, Spachteln, Grundieren usw. – notwendig, auch wenn Sie auf den richtigen Zeitpunkt achten.

Nagelpflege

Dass freitags nach Sonnenuntergang die Nagelpflege die besten Resultate bringt, ist eine alte Überlieferung, die nicht in Zusammenhang mit dem Mondrhythmus steht. Sie beweist sich durch Ihre persönliche Erfahrung. Wir können nur empfehlen, es auszuprobieren. Es lohnt sich, wie viele unserer LeserInnen uns bestätigt haben! Vielleicht sind Nagelprobleme auch deshalb so verbreitet, weil Nägel häufig am ungünstigsten Zeitpunkt gepflegt werden, nämlich an Samstagen.

Obstbaumschnitt

Der richtige Zeitpunkt für den Obstbaumschnitt richtet sich nach den örtlichen klimatischen Verhältnissen. Am besten fragen Sie beim nächstliegenden Gartenbauverein nach, welche Jahreszeit sich in Ihrer Region am besten eignet, und wählen Sie dann einen guten Tag im angegebenen Zeitraum. Ein Tipp: Schneiden Sie alle Äste weg, die zur Baummitte hin wachsen. Sie kosten den Baum unnötig viel Kraft.

Problemwäsche

Generell eignet sich der abnehmende Mond besser zum Wäschewaschen als der zunehmende. Fast immer kommen Sie dann mit der Hälfte der empfohlenen Waschmittelmenge aus (deshalb niemals nur Waschmittel-Tabs kaufen!). Problemwäsche und -flecken können Sie an Tagen mit diesem Symbol besonders erfolgreich sauber bekommen, die Fasern werden geschont, das Waschmittel lässt sich restlos ausspülen (wichtig für Allergiker!). Wenn Sie dieses Symbol hellgrau gedruckt finden, ist *jede* Form des Waschens ungünstig.

Umtopfen und Umsetzen

Hier geht es um das Umsetzen und Umtopfen aller Pflanzenarten, besonders auch das Umtopfen von Zimmer- und Balkonpflanzen, das an diesen Tagen besonders gut gelingt. An heißen Tagen sollte das Umtopfen allerdings erst abends erfolgen, damit die Pflanzen besser mit der Hitze fertigwerden. *Nicht gemeint* ist hier das Setzen, Umsetzen und Umtopfen von Gemüsepflanzen.

»Mondkur« – Abnehmen und Körperpflege

Dieses Symbol taucht zu Neumond und Vollmond im Kalender auf. Es wäre an diesen Tagen sehr sinnvoll, weniger als sonst zu essen oder gar richtig zu fasten und besonders viel zu trinken. An Neumond entgiftet der Körper besonders gut, während er bei Vollmond alles besser speichert, auch Unerwünschtes.

Zum einfachen Nachschlagen und Auffinden der Symbole finden Sie eine tabellarische Zusammenfassung mit Kurzbezeichnungen auf Seite 22.

Ein Überblick über die Tabellen im Kalender

Grundtabelle

Die Grundtabelle ist ein wichtiges Handwerkszeug und gibt einen Überblick über die unterschiedlichen Wirkungsimpulse der einzelnen Tierkreiszeichen – auf Körperzonen, Pflanzenteile, Nahrungsqualität etc. Zur Entschlüsselung dieser Impulse eignen sich unsere Bücher *Aus eigener Kraft* und *Der lebendige Garten.*

Aderlasstabelle

Anhand der **Aderlasstabelle** können Sie die günstigen und ungünstigen Tage für den Aderlass bestimmen. An manchen Tagen sollte man generell auf einen Aderlass verzichten, gleichgültig, zu welchem Ergebnis die Auszählung kommt. Diese »Schwend«-Tage spielen auch in Landwirtschaft und Gartenbau eine Rolle und sind im Kalender eigens angegeben. Bevor Sie diese wertvolle Heilmethode anwenden lassen, empfehlen wir Ihnen dringend, das Kapitel über den Aderlass zu lesen (*Aus eigener Kraft*). Hier nur so viel: Der Aderlass sollte generell nicht öfter als alle zwei Jahre vorgenommen werden!

Alpha-/Omega-Identifikationsquiz

Diese Fragenliste kann den Weg weisen zur wichtigsten Säule für gute Gesundheit bis ins hohe Alter. Die ausführliche Erklärung finden Sie u. a. in unserem Buch *Moon Power* (Mosaik Verlag). Auf unserer Website bieten wir die Möglichkeit an, Ihren persönlichen Ernährungstyp für Sie zu ermitteln (unter Menüpunkt »Service« – für Kalender-LeserInnen günstiger!).

Die Mondkur – Gesunde Ernährung im Rhythmus des Mondes

Die Tabelle für die gesunde Ernährung. Die Mondkur im Tabellenformat.

Grundtabelle

Tierkreis-zeichen	*Symbol*	*Körperzone*	*Organ-system*	*Element*	*Nahrungs-qualität*	*im abnehm. Mond*	*im zunehm. Mond*
Widder		Kopf, Gehirn, Augen, Nase	Sinnes-organe	Feuer	Eiweiß/ Frucht	April – Oktober	Oktober – April
Stier		Kehlkopf, Schild-drüse, Zähne, Kiefer, Mandeln, Ohren	Blutkreis-lauf	Erde	Salz	Mai – November	November – Mai
Zwillinge		Schultern, Arme, Hände (Lunge)	Drüsen-system	Luft	Fett	Juni – Dezember	Dezember – Juni
Krebs		Brust, Lunge, Ma-gen, Leber, Galle	Nerven-system	Wasser	Kohlen-hydrate	Juli – Januar	Januar – Juli
Löwe		Herz, Rücken, Zwerchfell, Blut-kreislauf, Schlagader	Sinnes-organe	Feuer	Eiweiß/ Frucht	August – Februar	Februar – August
Jungfrau		Verdauungsorgane, Nerven, Milz, Bauchspeicheldrüse	Blutkreis-lauf	Erde	Salz	September – März	März – September
Waage		Hüfte, Nieren, Blase	Drüsen-system	Luft	Fett	Oktober – April	April – Oktober
Skorpion		Geschlechtsorgane, Harnleiter	Nerven-system	Wasser	Kohlen-hydrate	November – Mai	Mai – November
Schütze		Oberschenkel, Venen	Sinnes-organe	Feuer	Eiweiß/ Frucht	Dezember – Juni	Juni – Dezember
Steinbock		Knie, Knochen, Gelenke, Haut	Blutkreis-lauf	Erde	Salz	Januar – Juli	Juli – Januar
Wasser-mann		Unterschenkel, Venen	Drüsen-system	Luft	Fett	Februar – August	August – Februar
Fische		Füße, Zehen	Nerven-system	Wasser	Kohlen-hydrate	März – September	September – März

Alle Symbole auf einen Blick

Bei jedem Tag im Jahr finden Sie **kräftig** gedruckte Symbole, die Ihnen auf einen Blick sagen, welche Tätigkeit an diesem Tag besonders begünstigt ist. Ist das Symbol hell dargestellt, dann verspricht die jeweilige Tätigkeit an diesem Tag weniger Erfolg als an allen anderen Tagen.

 **Bauen, Heimwerken, Verbinden**

 **Bäume und Sträucher pflanzen**

 **Baumköpfen/ Intensiver Rückschnitt**

 **Blumengießen**

 **Düngen**

 **Einkochen**

 **Ernten, Einkaufen und Lagern Obst- und Safttage**

 **Fensterputzen**

 **Problemwäsche**

 **Haareschneiden und -waschen**

 **Holzschlagen**

 **Jäten und Unkrautauszupfen**

 **Malerarbeiten**

 **Nagelpflege**

 **Obstbaumschnitt**

 **Umtopfen und Umsetzen**

 **Gesichtspackung**

 **»Mondkur« – Abnehmen und Körperpflege**

Aderlasstabelle

Tag	1	schlecht	
Tag	2	schlecht	
Tag	3	schlecht	
Tag	4	sehr schlecht	
Tag	5	schlecht	
Tag	6	gut	(Nierentätigkeit)
Tag	7	schlecht	
Tag	8	schlecht	
Tag	9	schlecht	
Tag	10	schlecht	
Tag	11	gut	(Magersucht)
Tag	12	gut	(für den ganzen Körper)
Tag	13	schlecht	
Tag	14	schlecht	
Tag	15	gut	(Magersucht)
Tag	16	sehr schlecht	
Tag	17	sehr gut	(genau zählen)
Tag	18	gut	(für den ganzen Körper)
Tag	19	schlecht	
Tag	20	schlecht	
Tag	21	gut	(für den ganzen Körper)
Tag	22	sehr gut	
Tag	23	gut	(für das Knochengerüst, bei Multipler Sklerose und Rheuma)
Tag	24	gut	(für die Lunge und bei Asthma)
Tag	25	gut	
Tag	26	gut	(bei hohem Blutdruck, gegen Fieber)
Tag	27	sehr schlecht	
Tag	28	gut	
Tag	29	schlecht	
Tag	30	schlecht	

Alpha-/Omega-Identifikationsquiz: Eine kleine Starthilfe zum Erkennen des Ernährungstyps

Alpha-Typ:
Sie vertragen den täglichen Orangensaft, haben bei Gurken keine Probleme mit Aufstoßen, und Karotten sind ein bevorzugtes Gemüse? Lieben Sie größere Mahlzeiten, dafür in größeren Abständen, ohne Snacks zwischendurch? Nach Süßigkeiten und Weizenbrot stellt sich regelmäßig Müdigkeit ein? Bekommen Sie von Kirschen oder Pflaumen einen sauren Magen, vertragen Äpfel besser? Fast immer mit Ja geantwortet, lässt einen Alpha-Typ vermuten.

Omega-Typ:
Sie haben relativ oft Hungergefühle, sind aber dann schon mit Kleinigkeiten wie Frucht, Müslischnitte, Smoothie zufrieden? Große Portionen wirken abschreckend? Süßigkeiten wirken nicht so belastend, wie man erwarten könnte? Weißbrot vertragen Sie gut, bekommen von Roggenbrot eher Magendrücken? Tierisches Fett, Butter usw. kann schon mal eine leichte Übelkeit verursachen? Der tägliche, angeblich so gesunde Apfel kann Sie nicht wirklich begeistern? Viele Ja-Antworten lassen einen Omega-Typ vermuten.

Alle diese Hinweise können zu einer Zuordnung führen. Die Zugehörigkeit zu einem Ernährungstyp besteht lebenslang, auch wenn sich Vorlieben und Geschmacksrichtungen ändern. Ernährungsgewohnheiten können allerdings so stark verankert sein, dass man zu vertragen glaubt, was eigentlich schädlich ist. Auf Seite 217f. finden Sie ein Angebot zur Ermittlung Ihres Ernährungstyps.

Die Mondkur – Gesunde Ernährung im Rhythmus des Mondes

Regel Nr. 1: Kaufen Sie Ihre Lebensmittel so frisch, so vollwertig und naturbelassen, so liebevoll ausgewählt und zubereitet wie nur möglich.
Regel Nr. 2: Wählen Sie stets jene Lebensmittel, die Ihrem Typ entsprechen. Scheuen Sie aber Ausnahmen nicht. Als Alpha-Typ konzentrieren Sie sich auf drei Mahlzeiten täglich, als Omega-Typ auf fünf Mahlzeiten täglich.
Regel Nr. 3: Essen Sie im Rhythmus des Mondes.

Mondphase	***Grundregel***	***Förderlich***
VOLLMOND ○	Essen Sie schon zwei, drei Tage vorher möglichst wenig und ab 18 Uhr nichts mehr. Fasten Sie am Vollmondtag, wenn es ohne Kreislaufprobleme möglich ist, und trinken Sie an diesem Tag mehr als zwei Liter.	Viel Vollmond-Tee bis etwa 19 Uhr, danach nur noch nach Durstgefühl. Obst-, Saft- oder Fastentage um Vollmond herum.
ABNEHMENDER MOND ☾	Essen Sie wie gewohnt und achten Sie auf die Nahrungsqualität des Tages. Wenn Sie sich wohlfühlen, dann brauchen Sie nicht darauf zu achten: Ihr Gespür ist schon erwacht. Essen Sie nach 17 Uhr nichts mehr.	Abnehmender-Mond-Tee bis etwa 19 Uhr, danach nur nach Durstgefühl. Nach Belieben täglich den ganzen Körper mit Entschlackungsöl »Vom richtigen Zeitpunkt« massieren.
NEUMOND ●	Essen Sie schon zwei, drei Tage vorher möglichst wenig. Fasten Sie am Neumondtag, wenn es ohne Kreislaufprobleme möglich ist, und trinken Sie an diesem Tag mehr als zwei Liter.	Die Teemischung für den Neumond. Obst-, Saft- oder Fastentage um Neumond herum.
ZUNEHMENDER MOND ☽	Essen Sie insgesamt weniger und achten Sie auf die Nahrungsqualität des Tages. Essen Sie nach 18 Uhr nichts mehr. Trinken Sie täglich viel bis etwa 19 Uhr, danach je nach Durstgefühl.	Von der Teemischung für den zunehmenden Mond begleiten lassen, mindestens zwei Liter täglich. Täglich mit Gewebestrafföl »Vom richtigen Zeitpunkt« den ganzen Körper massieren.

Januar 2021		Februar 2021		März 2021	
F 1 ♌ Neujahr		M 1 ♍	5	M 1 ♎	9
S 2 ♌ Berchtoldstag		D 2 ♎		D 2 ♎	
S 3 ♌		M 3 ♎		M 3 ♏	
M 4 ♍	1	D 4 ♏ ☾		D 4 ♏	
D 5 ♍		F 5 ♏		F 5 ♐	
M 6 ♎ ☾ Hl. Drei Könige		S 6 ♐		S 6 ♐ ☾	
D 7 ♎		S 7 ♐		S 7 ♐	
F 8 ♏		M 8 ♑	6	M 8 ♑	10
S 9 ♏		D 9 ♑		D 9 ♑	
S 10 ♐		M 10 ♑		M 10 ♒	
M 11 ♐	2	D 11 ♒ ● 20.05		D 11 ♒	
D 12 ♑		F 12 ♒		F 12 ♓	
M 13 ♑ ● 05.59		S 13 ♓		S 13 ♓ ● 11.20	
D 14 ♒		S 14 ♓ Valentinstag		S 14 ♓	
F 15 ♒		M 15 ♈ Rosenmontag	7	M 15 ♈	11
S 16 ♓		D 16 ♈ Faschingsdienstag		D 16 ♈	
S 17 ♓		M 17 ♈ Aschermittwoch		M 17 ♉	
M 18 ♓	3	D 18 ♉		D 18 ♉	
D 19 ♈		F 19 ♉ ☽		F 19 ♉	
M 20 ♈ ☽		S 20 ♊		S 20 ♊	
D 21 ♉		S 21 ♊		S 21 ♊ ☽	
F 22 ♉		M 22 ♊	8	M 22 ♋	12
S 23 ♉		D 23 ♋		D 23 ♋	
S 24 ♊		M 24 ♋		M 24 ♌	
M 25 ♊	4	D 25 ♌		D 25 ♌	
D 26 ♋		F 26 ♌		F 26 ♌	
M 27 ♋		S 27 ♍ ○ 09.17		S 27 ♍	
D 28 ♋ ○ 20.17		S 28 ♍		S 28 ♍ ○ 19.46	
F 29 ♌				M 29 ♎	13
S 30 ♌				D 30 ♎	
S 31 ♍				M 31 ♏	

= abnehmender Mond

April 2021	Mai 2021	Juni 2021
D 1 Gründonnerstag	S 1 Maifeiertag	D 1
F 2 Karfreitag	S 2	M 2 ☾
S 3	M 3 ☾ (18)	D 3 Fronleichnam
S 4 ☾ Ostersonntag	D 4	F 4
M 5 Ostermontag (14)	M 5	S 5
D 6	D 6	S 6
M 7	F 7	M 7 (23)
D 8	S 8	D 8
F 9	S 9 Muttertag	M 9
S 10	M 10 (19)	D 10 ● 11.52
S 11	D 11 ● 19.59	F 11
M 12 ● 03.30 (15)	M 12	S 12
D 13	D 13 Christi Himmelfahrt	S 13
M 14	F 14	M 14 (24)
D 15	S 15	D 15
F 16	S 16	M 16
S 17	M 17 (20)	D 17
S 18	D 18	F 18 ☽
M 19 (16)	M 19 ☽	S 19
D 20 ☽	D 20	S 20
M 21	F 21	M 21 (25)
D 22	S 22	D 22
F 23 Welttag des Buches	S 23 Pfingstsonntag	M 23
S 24	M 24 Pfingstmontag (21)	D 24 ○ 19.40
S 25	D 25	F 25
M 26 (17)	M 26 ○ 12.14	S 26
D 27 ○ 04.30	D 27	S 27
M 28	F 28	M 28 (26)
D 29	S 29	D 29
F 30	S 30	M 30
	M 31 (22)	

Sommerzeit nicht berücksichtigt

Juli 2021	August 2021	September 2021
D 1 ♓ ☾	S 1 ♉ Schweizer Nationalfeiertag	M 1 ♊
F 2 ♈	M 2 ♉ 31	D 2 ♋
S 3 ♈	D 3 ♊	F 3 ♋
S 4 ♉	M 4 ♊	S 4 ♌
M 5 ♉ 27	D 5 ♋	S 5 ♌
D 6 ♉	F 6 ♋	M 6 ♌ 36
M 7 ♊	S 7 ♋	D 7 ♍ ● 01.51
D 8 ♊	S 8 ♌ ● 14.49	M 8 ♍
F 9 ♋	M 9 ♌ 32	D 9 ♎
S 10 ♋ ● 02.16	D 10 ♍	F 10 ♎
S 11 ♋	M 11 ♍	S 11 ♏
M 12 ♌ 28	D 12 ♎	S 12 ♏
D 13 ♌	F 13 ♎	M 13 ♐ ☽ 37
M 14 ♍	S 14 ♎	D 14 ♐
D 15 ♍	S 15 ♏ ☽ Mariä Himmelfahrt	M 15 ♑
F 16 ♎	M 16 ♏ 33	D 16 ♑
S 17 ♎ ☽	D 17 ♐	F 17 ♒
S 18 ♏	M 18 ♐	S 18 ♒
M 19 ♏ 29	D 19 ♑	S 19 ♓
D 20 ♐	F 20 ♑	M 20 ♓ 38
M 21 ♐	S 21 ♒	D 21 ♓ ○ 00.53
D 22 ♑	S 22 ♒ ○ 13.00	M 22 ♈
F 23 ♑	M 23 ♓ 34	D 23 ♈
S 24 ♑ ○ 03.36	D 24 ♓	F 24 ♉
S 25 ♒	M 25 ♈	S 25 ♉
M 26 ♒ 30	D 26 ♈	S 26 ♉
D 27 ♓	F 27 ♈	M 27 ♊ 39
M 28 ♓	S 28 ♉	D 28 ♊
D 29 ♈	S 29 ♉	M 29 ♋ ☾
F 30 ♈	M 30 ♊ ☾ 35	D 30 ♋
S 31 ♉ ☾	D 31 ♊	

(grau) = abnehmender Mond

Oktober 2021					November 2021					Dezember 2021				
F	1	♋			M	1	♍	Allerheiligen	44	M	1	♎		
S	2	♌			D	2	♍			D	2	♏		
S	3	♌	Tag der Dt. Einheit		M	3	♎			F	3	♏		
M	4	♍		40	D	4	♎	● 22.14		S	4	♐	● 08.42 Barbaratag	
D	5	♍			F	5	♏			S	5	♐	2. Advent	
M	6	♎	● 12.04		S	6	♏			M	6	♑		49
D	7	♎			S	7	♐			D	7	♑		
F	8	♏			M	8	♐		45	M	8	♒	Mariä Empfängnis	
S	9	♏			D	9	♑			D	9	♒		
S	10	♐			M	10	♑			F	10	♓		
M	11	♐		41	D	11	♒	☽		S	11	♓	☽	
D	12	♑			F	12	♒			S	12	♈	3. Advent	
M	13	♑	☽		S	13	♓			M	13	♈		50
D	14	♒			S	14	♓			D	14	♈		
F	15	♒			M	15	♈		46	M	15	♉		
S	16	♒			D	16	♈			D	16	♉		
S	17	♓			M	17	♈	Buß- und Bettag		F	17	♊		
M	18	♓		42	D	18	♉			S	18	♊		
D	19	♈			F	19	♉	○ 09.57		S	19	♊	○ 05.34 4. Advent	
M	20	♈	○ 15.57		S	20	♊			M	20	♋		51
D	21	♉			S	21	♊			D	21	♋		
F	22	♉			M	22	♊		47	M	22	♌		
S	23	♉			D	23	♋			D	23	♌		
S	24	♊			M	24	♋			F	24	♌	Heiliger Abend	
M	25	♊		43	D	25	♌			S	25	♍	1. Weihnachtsfeiertag	
D	26	♋	Österr. Nationalfeiertag		F	26	♌			S	26	♍	2. Weihnachtsfeiertag	
M	27	♋			S	27	♌	☾		M	27	♎	☾	52
D	28	♋	☾		S	28	♍	1. Advent		D	28	♎		
F	29	♌			M	29	♍		48	M	29	♏		
S	30	♌			D	30	♎			D	30	♏		
S	31	♍	Reformationstag							F	31	♏	Silvester	

Sommerzeit nicht berücksichtigt

Januar 2022					Februar 2022					März 2022				
S	1	♐	Neujahr		D	1	♒	● 06.45		D	1	♒	Faschingsdienstag	
S	2	♐	● 19.33 Berchtoldstag		M	2	♒			M	2	♓	● 18.34 Aschermittwoch	
M	3	♐		1	D	3	♓			D	3	♓		
D	4	♒			F	4	♓			F	4	♓		
M	5	♒			S	5	♈			S	5	♈		
D	6	♒	Hl. Drei Könige		S	6	♈			S	6	♈		
F	7	♓			M	7	♉		6	M	7	♉		10
S	8	♓			D	8	♉	☽		D	8	♉		
S	9	♈	☽		M	9	♉			M	9	♊		
M	10	♈		2	D	10	♊			D	10	♊	☽	
D	11	♉			F	11	♊			F	11	♊		
M	12	♉			S	12	♊			S	12	♋		
D	13	♉			S	13	♋			S	13	♋		
F	14	♊			M	14	♋	Valentinstag	7	M	14	♌		11
S	15	♊			D	15	♌			D	15	♌		
S	16	♋			M	16	♌	○ 17.56		M	16	♌		
M	17	♋		3	D	17	♍			D	17	♍		
D	18	♋	○ 00.47		F	18	♍			F	18	♍	○ 08.18	
M	19	♌			S	19	♍			S	19	♎		
D	20	♌			S	20	♎			S	20	♎		
F	21	♍			M	21	♎		8	M	21	♏		12
S	22	♍			D	22	♏			D	22	♏		
S	23	♎			M	23	♏	☾		M	23	♐		
M	24	♎		4	D	24	♐			D	24	♐		
D	25	♎	☾		F	25	♐			F	25	♑	☾	
M	26	♏			S	26	♑			S	26	♑		
D	27	♏			S	27	♑			S	27	♑		
F	28	♐			M	28	♒	Rosenmontag	9	M	28	♒		13
S	29	♐								D	29	♒		
S	30	♑								M	30	♓		
M	31	♑		5						D	31	♓		

▒ = abnehmender Mond

April 2022	Mai 2022	Juni 2022
F 1 ♈ ● 07.24	S 1 ♉ Maifeiertag	M 1 ♊
S 2 ♈	M 2 ♉ 18	D 2 ♋
S 3 ♉	D 3 ♊	F 3 ♋
M 4 ♉ 14	M 4 ♊	S 4 ♌
D 5 ♉	D 5 ♊	S 5 ♌ Pfingstsonntag
M 6 ♊	F 6 ♋	M 6 ♌ Pfingstmontag 23
D 7 ♊	S 7 ♋	D 7 ♍ ☽
F 8 ♋	S 8 ♌ Muttertag	M 8 ♍
S 9 ♋ ☽	M 9 ♌ ☽ 19	D 9 ♎
S 10 ♋	D 10 ♍	F 10 ♎
M 11 ♌ 15	M 11 ♍	S 11 ♏
D 12 ♌	D 12 ♍	S 12 ♏
M 13 ♍	F 13 ♎	M 13 ♐ 24
D 14 ♍ Gründonnerstag	S 14 ♎	D 14 ♐ ○ 12.50
F 15 ♎ Karfreitag	S 15 ♏	M 15 ♑
S 16 ♎ ○ 19.55	M 16 ♏ ○ 05.12 20	D 16 ♑ Fronleichnam
S 17 ♎ Ostersonntag	D 17 ♐	F 17 ♒
M 18 ♏ Ostermontag 16	M 18 ♐	S 18 ♒
D 19 ♏	D 19 ♑	S 19 ♒
M 20 ♐	F 20 ♑	M 20 ♓ 25
D 21 ♐	S 21 ♒	D 21 ♓ ☾
F 22 ♑	S 22 ♒ ☾	M 22 ♈
S 23 ♑ ☾ Welttag des Buches	M 23 ♓ 21	D 23 ♈
S 24 ♒	D 24 ♓	F 24 ♉
M 25 ♒ 17	M 25 ♈	S 25 ♉
D 26 ♓	D 26 ♈ Christi Himmelfahrt	S 26 ♉
M 27 ♓	F 27 ♈	M 27 ♊ 26
D 28 ♈	S 28 ♉	D 28 ♊
F 29 ♈	S 29 ♉	M 29 ♋ ● 03.51
S 30 ♈ ● 21.27	M 30 ♊ ● 12.29 22	D 30 ♋
	D 31 ♊	

Sommerzeit nicht berücksichtigt

Juli 2022	August 2022	September 2022
F 1 ♋	M 1 ♍ Schweizer Nationalfeiertag 31	D 1 ♏
S 2 ♌	D 2 ♍	F 2 ♏
S 3 ♌	M 3 ♎	S 3 ♐ ☽
M 4 ♍ 27	D 4 ♎	S 4 ♐
D 5 ♍	F 5 ♏ ☽	M 5 ♐ 36
M 6 ♎	S 6 ♏	D 6 ♑
D 7 ♎ ☽	S 7 ♐	M 7 ♑
F 8 ♎	M 8 ♐ 32	D 8 ♒
S 9 ♏	D 9 ♑	F 9 ♒
S 10 ♏	M 10 ♑	S 10 ♓ ○ 10.58
M 11 ♐ 28	D 11 ♒	S 11 ♓
D 12 ♐	F 12 ♒ ○ 02.36	M 12 ♈ 37
M 13 ♑ ○ 19.37	S 13 ♓	D 13 ♈
D 14 ♑	S 14 ♓	M 14 ♉
F 15 ♒	M 15 ♈ Mariä Himmelfahrt 33	D 15 ♉
S 16 ♒	D 16 ♈	F 16 ♊
S 17 ♓	M 17 ♈	S 17 ♊ ☾
M 18 ♓ 29	D 18 ♉	S 18 ♊
D 19 ♈	F 19 ♉ ☾	M 19 ♋ 38
M 20 ♈ ☾	S 20 ♊	D 20 ♋
D 21 ♉	S 21 ♊	M 21 ♌
F 22 ♉	M 22 ♊ 34	D 22 ♌
S 23 ♉	D 23 ♋	F 23 ♌
S 24 ♊	M 24 ♋	S 24 ♍
M 25 ♊ 30	D 25 ♌	S 25 ♍ ● 22.54
D 26 ♋	F 26 ♌	M 26 ♎ 39
M 27 ♋	S 27 ♌ ● 09.16	D 27 ♎
D 28 ♋ ● 18.54	S 28 ♍	M 28 ♎
F 29 ♌	M 29 ♍ 35	D 29 ♏
S 30 ♌	D 30 ♎	F 30 ♏
S 31 ♍	M 31 ♎	

= abnehmender Mond

Oktober 2022	November 2022	Dezember 2022
S 1	D 1 ☽ Allerheiligen	D 1
S 2	M 2	F 2
M 3 ☽ Tag der Dt. Einheit 40	D 3	S 3
D 4	F 4	S 4 2. Advent/Barbaratag
M 5	S 5	M 5 49
D 6	S 6	D 6
F 7	M 7 45	M 7
S 8	D 8 ○ 12.01	D 8 ○ 05.08 Mariä Empfängnis
S 9 ○ 21.53	M 9	F 9
M 10 41	D 10	S 10
D 11	F 11	S 11 3. Advent
M 12	S 12	M 12 50
D 13	S 13	D 13
F 14	M 14 46	M 14
S 15	D 15	D 15
S 16	M 16 ☾ Buß- und Bettag	F 16 ☾
M 17 ☾ 42	D 17	S 17
D 18	F 18	S 18 4. Advent
M 19	S 19	M 19 51
D 20	S 20	D 20
F 21	M 21 47	M 21
S 22	D 22	D 22
S 23	M 23 ● 23.56	F 23 ● 11.16
M 24 43	D 24	S 24 Heiliger Abend
D 25 ● 11.48	F 25	S 25 1. Weihnachtsfeiertag
M 26 Österr. Nationalfeiertag	S 26	M 26 2. Weihnachtsfeiertag 52
D 27	S 27 1. Advent	D 27
F 28	M 28 48	M 28
S 29	D 29	D 29
S 30	M 30 ☽	F 30 ☽
M 31 Reformationstag 44		S 31 Silvester

Sommerzeit nicht berücksichtigt

Freitag

1

JANUAR

Neujahr

Element:
Feuer
Tagesqualität:
Wärme
Nahrungsqualität:
Eiweiß, Frucht
Pflanzenteil:
Frucht
Körperzone:
Herzregion, Kreislauf
Organsystem:
Sinnesorgane

Löwe
abnehmender Mond

Für das Jahr 2021 wünschen wir Ihnen alles Liebe und Gute!

Liebe Leserinnen und Leser,
wir danken Ihnen für Ihre Treue
und hoffen, dass wir noch lange
mit unserer Arbeit für Sie da sein können.

Johanna Paungger-Poppe
& Thomas Poppe

Samstag

2

JANUAR

Berchtoldstag

Aus dem Mondlexikon für unsere neuen LeserInnen – A wie Aberglaube. Wer sich noch nie mit den Wirkungen der Mondrhythmen beschäftigt hat, könnte auf die Idee kommen, dass es sich um eine Form von Aberglauben handelt. Alle praktischen AnwenderInnen des Mondkalenders wissen es besser! Echter Aberglaube aber wäre es, der Wissenschaft blind zu vertrauen und ihr Verantwortung für das eigene Leben zu übertragen. Die Überzeugung, Asbest sei ein harmloser Werkstoff, hat sich als Aberglaube herausgestellt. In hundert Jahren wird vieles von dem, was uns heute als »neuester Stand von Wissenschaft und Technik« eingeredet wird, als Aberglaube der Vorväter belächelt werden.

Löwe
abnehmender Mond

Element:
Feuer
Tagesqualität:
Wärme
Nahrungsqualität:
Eiweiß, Frucht
Pflanzenteil:
Frucht
Körperzone:
Herzregion, Kreislauf
Organsystem:
Sinnesorgane

Element:
Feuer
Tagesqualität:
Wärme
Nahrungsqualität:
Eiweiß, Frucht
Pflanzenteil:
Frucht
Körperzone:
Herzregion, Kreislauf
Organsystem:
Sinnesorgane

Sonntag
3
JANUAR

Löwe
abnehmender Mond

Einfach zum Nachdenken

Wer bereit ist, Grundfreiheiten
für ein wenig Ordnung aufzugeben,
wird beides verlieren
und keines von beiden verdienen.

Benjamin Franklin

Montag
4
JANUAR

Ihr persönlicher Mini-Merkurkalender 2021
Die Zeiten für den *rückläufigen* Merkur im Jahr 2021:

30. Januar bis 21. Februar 2021
29. Mai bis 22. Juni 2021
27. September bis 18. Oktober 2021

Unser Tipp: In den genannten Zeiten möglichst nichts Neues beginnen, sondern Altes loslassen. Auch Vertragsabschlüsse gestalten sich im Verlauf manchmal problematisch. Stattdessen Altes und Überholtes angehen und zu Ende bringen!

Element:
Erde
Tagesqualität:
Kälte
Nahrungsqualität:
Salz
Pflanzenteil:
Wurzel
Körperzone:
Verdauungsorgane
Organsystem:
Kreislauf

Jungfrau
abnehmender Mond

Dienstag

5

JANUAR

Element:
Erde
Tagesqualität:
Kälte
Nahrungsqualität:
Salz
Pflanzenteil:
Wurzel
Körperzone:
Verdauungsorgane
Organsystem:
Kreislauf

Jungfrau
abnehmender Mond

Der besondere Tipp. Alljährlich erleben wir das gleiche Schauspiel: So viele gute Vorsätze werden an Silvester gefasst und mehr oder weniger erfolgreich durchgehalten. Auch Sie wollten das Jahr 2021 mit guten Absichten beginnen? Um den nötigen Schwung und die Kraft für deren Verwirklichung zu gewinnen, sollten Sie die Vorsätze unbedingt im Auge behalten, aber erst am 13. Januar damit Ernst machen! Jeder Neumond, auch der am 13. Januar, ist stets ein besserer Geburtshelfer für die guten Vorsätze als irgendein beliebiger Silvestertag. Wir wünschen viel Erfolg!

Mittwoch

6

JANUAR
Hl. Drei Könige

Einfach zum Nachdenken

»Der Klügere gibt nach?«
Das ist manchmal sinnvoll.
Aber als Grundprinzip ist es
der sicherste Weg zur Diktatur der Narren.

Ron Fischer

Waage
abnehmender Mond

Element:
Luft
Tagesqualität:
Licht
Nahrungsqualität:
Fett
Pflanzenteil:
Blüte
Körperzone:
Hüfte, Nieren, Blase
Organsystem:
Drüsensystem

Donnerstag

7

JANUAR

Element:
Luft
Tagesqualität:
Licht
Nahrungsqualität:
Fett
Pflanzenteil:
Blüte
Körperzone:
Hüfte, Nieren, Blase
Organsystem:
Drüsensystem

Waage
abnehmender Mond

Ihr persönlicher Mini-Mondkalender 2021
Eingriffe und Operationen
sind 2021 generell günstig:

vom 1.1. bis 12.1.	vom 24.7. bis 7.8.
vom 29.1. bis 11.2.	vom 23.8. bis 6.9.
vom 28.2. bis 12.3.	vom 21.9. bis 6.10.
vom 29.3. bis 11.4.	vom 21.10. bis 4.11.
vom 27.4. bis 11.5.	vom 19.11. bis 3.12.
vom 27.5. bis 9.6.	vom 19.12. bis 2.1.2022
vom 25.6. bis 9.7.	

Wichtig: Bitte jedoch jene Tierkreiszeichen meiden, die die Körperregion regieren, an der operiert wird! Also beispielsweise keine Kopfoperation an Widder, keine neue Hüfte an Waage usw.

Freitag

8

JANUAR

Der besondere Tipp. Vielleicht gehört es zu Ihren Neujahrsvorsätzen (beginnend mit dem Neumond am 13. Januar!), sich allmählich einen übermäßigen Zuckerkonsum abzugewöhnen. Sehr lobenswert und sehr gesund, wie Sie vielleicht schon erfahren haben. Hier ein Trick, wie es leichter gehen kann, übertragbar auch auf andere Beispiele: Einfach den ersten Schluck aus der Kaffee- oder Teetasse ganz ohne Zucker nehmen. Schmeckt (scheinbar) furchtbar. Dann erst ein wenig nachzuckern, und Sie werden über ein Drittel Ihrer üblichen Dosis schon froh sein. Ihr Körper auch.

Element:
Wasser
Tagesqualität:
Feuchte
Nahrungsqualität:
Kohlenhydrate
Pflanzenteil:
Blatt
Körperzone:
Geschlechtsorgane
Organsystem:
Nervensystem

Skorpion
abnehmender Mond

Samstag

9

JANUAR

Element:
Wasser
Tagesqualität:
Feuchte
Nahrungsqualität:
Kohlenhydrate
Pflanzenteil:
Blatt
Körperzone:
Geschlechtsorgane
Organsystem:
Nervensystem

Skorpion
abnehmender Mond

Ihr persönlicher Mini-Mondkalender 2021
Zahnziehen und Kieferoperationen
sind 2021 zu diesen Zeiten begünstigt:

vom 1.1. bis 12.1.
vom 29.1. bis 11.2.
vom 28.2. bis 12.3.
vom 29.3. bis 10.4.
vom 27.4. bis 7.5.
vom 27.5. bis 3.6.
am 9.6.
vom 25.6. bis 1.7.
vom 7.7. bis 9.7.
vom 24.7. bis 28.7.
vom 3.8. bis 8.8.
vom 23.8. bis 24.8.
vom 30.8. bis 6.9.
vom 27.9. bis 6.10.
vom 24.10. bis 4.11.
vom 20.11. bis 3.12.
vom 19.12. bis 2.1.2022

Sonntag

10

JANUAR

Einfach zum Nachdenken

Die ganze Kunst der Sprache besteht darin,
verstanden zu werden.
Wir bedürfen nicht vieler Worte.

Konfuzius

Schütze
abnehmender Mond

Element:
Feuer
Tagesqualität:
Wärme
Nahrungsqualität:
Eiweiß, Frucht
Pflanzenteil:
Frucht
Körperzone:
Oberschenkel, Venen
Organsystem:
Sinnesorgane

Element:
Feuer
Tagesqualität:
Wärme
Nahrungsqualität:
Eiweiß, Frucht
Pflanzenteil:
Frucht
Körperzone:
Oberschenkel, Venen
Organsystem:
Sinnesorgane

Montag
11
JANUAR

Schütze
abnehmender Mond

Ihr persönlicher Mini-Mondkalender 2021 Zahnstein entfernen und Mundhygiene

sind im Jahr 2021 günstig:

vom 1.1. bis 12.1.	am 9.6.	vom 30.8. bis 6.9.
vom 29.1. bis 11.2.	vom 25.6. bis 1.7.	vom 27.9. bis 6.10.
vom 28.2. bis 12.3.	vom 7.7. bis 9.7.	vom 24.10. bis 4.11.
vom 29.3. bis 10.4.	vom 24.7. bis 28.7.	vom 20.11. bis 3.12.
vom 27.4. bis 7.5.	vom 3.8. bis 8.8.	vom 19.12. bis 2.1.2022
vom 27.5. bis 3.6.	vom 23.8. bis 24.8.	

Unser Tipp: Bei hartnäckigem Zahnstein wären in den genannten Zeiten die Steinbocktage von Januar bis Juni 2021 besonders günstig!

Gesund bleiben, gesund werden. Meditieren mit dem Mond – ein guter Beginn für das Jahr. Versuchen Sie zum Beispiel einmal, sich an Steinbocktagen die Knie einige Minuten lang in grünes Licht getaucht vorzustellen. Schließen Sie einfach die Augen, stellen Sie sich ein farbiges Tuch vor und hüllen Sie mit dem Tuch die Knie ein. Diese Form der Meditation wirkt kräftigend, ausgleichend und heilend auf die Knie, das Knochensystem im Allgemeinen und auf die gesamte Hautoberfläche. Das funktioniert auch, wenn Sie einem anderen Menschen helfen wollen und ihn gedanklich in die Farbe Grün einhüllen.

Dienstag
12
JANUAR

Element:
Erde
Tagesqualität:
Kälte
Nahrungsqualität:
Salz
Pflanzenteil:
Wurzel
Körperzone:
Knie, Knochen, Haut
Organsystem:
Kreislauf

Steinbock
abnehmender Mond

Mittwoch

13

JANUAR

Element:
Erde
Tagesqualität:
Kälte
Nahrungsqualität:
Salz
Pflanzenteil:
Wurzel
Körperzone:
Knie, Knochen, Haut
Organsystem:
Kreislauf

05.59

Steinbock
Neumond

Der besondere Tipp. Einige grundsätzliche Worte an unsere treuen Mondkalender-AnwenderInnen: Die Symbole sagen Ihnen, dass sich der Tag am besten oder am schlechtesten für die jeweilige Tätigkeit eignet. Das heißt aber nicht, dass Sie sich bei einem verpassten günstigen Termin Sorgen machen sollen, geschweige denn dass die Tätigkeit auf jeden Fall zum Misserfolg verurteilt ist. Wenn Sie einmal bei Krebs zum Haareschneiden gehen müssen, gehen Sie beim nächsten Mal bei Löwe oder Jungfrau und geben so wieder dem positiven Einfluss eine Chance. Dieses Beispiel lässt sich auf fast alle anderen Regeln übertragen.

Donnerstag

14

JANUAR

Gesund bleiben, gesund werden. Wassermann »regiert« die Unterschenkel, die manchmal bei der Körperpflege etwas vernachlässigt werden. Zumindest heute und morgen, an den Wassermanntagen, sollten Sie deshalb nicht versäumen, den »Wadln« einmal etwas Gutes zu tun. Schon eine kurze liebevolle Massage mit einem guten Gewebestrafföl danken sie mit einem ungeahnten Wohlgefühl im ganzen Körper. Versäumen Sie auch nicht, an Wassermann (und auch an Steinbock) die Kniekehlen sanft zu massieren, mit nach oben gerichteten Streichbewegungen. Das bringt sämtliche Energiebahnen im Körper auf Touren.

Wassermann
zunehmender Mond

Element:
Luft
Tagesqualität:
Licht
Nahrungsqualität:
Fett
Pflanzenteil:
Blüte
Körperzone:
Unterschenkel, Venen
Organsystem:
Drüsensystem

Element:
Luft
Tagesqualität:
Licht
Nahrungsqualität:
Fett
Pflanzenteil:
Blüte
Körperzone:
Unterschenkel, Venen
Organsystem:
Drüsensystem

Freitag
15
JANUAR

Wassermann
zunehmender Mond

Leben ist Bewegung, Bewegung hält lebendig! Deshalb erinnern wir auch im Jahr 2021 immer wieder daran. Heute gleich auch eine passende Übung, eine der besten Übungen für die Wassermanntage: Wippen Sie mit den Füßen im Stehen auf und ab, halten Sie dabei die Knie gestreckt. Abwechselnd Zehenspitzen hoch, Fersen hoch, Zehenspitzen hoch, Fersen hoch und so fort. Siebenmal auf und ab. Dann erst Pause machen. Dabei gleichmäßig weiteratmen. Die Übung ist wirksam mit oder ohne Abstützen, wenn das Gleichgewichtsgefühl noch fehlt. Eine wunderbare Übung für den ungehinderten Rückfluss in den Venen und bei Lymphstau.

Samstag
16
JANUAR

Der besondere Tipp. Viele LeserInnen sind schon mit dem Tiroler Zahlenrad und mit der besonderen Kraft der Zahlen des Geburtsdatums vertraut, aber auch das aktuelle Datum und seine Zahlen haben eine besondere Wirkung. Der heutige Tag zum Beispiel weist zwei Einser und einen Sechser auf. Heute wäre es sehr wichtig, sich mit niemandem anzulegen und alle wichtigen Dinge möglichst schnell erledigt zu haben. Gezielte friedliche Gedanken, Meditation, Yoga – damit erreichen Sie heute mehr als damit, gedankenschwer herumzurennen und alles gleichzeitig erledigen zu wollen.

Element:
Wasser
Tagesqualität:
Feuchte
Nahrungsqualität:
Kohlenhydrate
Pflanzenteil:
Blatt
Körperzone:
Füße, Zehen
Organsystem:
Nervensystem

Fische
zunehmender Mond

Sonntag

17

JANUAR

Element:
Wasser
Tagesqualität:
Feuchte
Nahrungsqualität:
Kohlenhydrate
Pflanzenteil:
Blatt
Körperzone:
Füße, Zehen
Organsystem:
Nervensystem

Fische
zunehmender Mond

Einfach zum Nachdenken. Heute ist ein neuer Tag. Ich kann mit ihm tun, was ich will. Ich kann ihn nutzen oder ihn verschwenden. Was ich heute tue, ist wichtig, denn ich tausche einen Tag meines Lebens dafür ein. Morgen wird der Tag für immer vergangen sein. Er lässt mir das zurück, was ich aus ihm gemacht habe. Es soll ein Fortschritt sein: Ich will weiter! Es soll Erfolg bedeuten, denn ich will heute Abend mit Genugtuung zurückblicken können, damit ich den hohen Preis nicht bereuen muss, den ich bezahlt habe. Denn die Zukunft ist nur eine Kette von »HEUTES«. Und heute ist der erste Tag vom Rest meines Lebens!

Arthur Lassen

Montag

18

JANUAR

Ihr persönlicher Mini-Mondkalender 2021
Problemwäsche waschen
ist im Jahr 2021 generell günstig:

vom 1.1. bis 12.1.	vom 24.7. bis 7.8.
vom 29.1. bis 11.2.	vom 23.8. bis 6.9.
vom 28.2. bis 12.3.	vom 21.9. bis 6.10.
vom 29.3. bis 11.4.	vom 21.10. bis 4.11.
vom 27.4. bis 11.5.	vom 19.11. bis 3.12.
vom 27.5. bis 9.6.	vom 19.12. bis 2.1.2022
vom 25.6. bis 9.7.	

Sehr günstig sind in den genannten Zeiten die Wassertage (Krebs, Skorpion, Fische)!

Element:
Wasser
Tagesqualität:
Feuchte
Nahrungsqualität:
Kohlenhydrate
Pflanzenteil:
Blatt
Körperzone:
Füße, Zehen
Organsystem:
Nervensystem

Fische
zunehmender Mond

Element:
Feuer
Tagesqualität:
Wärme
Nahrungsqualität:
Eiweiß, Frucht
Pflanzenteil:
Frucht
Körperzone:
Kopfbereich bis Oberkiefer
Organsystem:
Sinnesorgane

Dienstag 19 JANUAR

Gesund bleiben, gesund werden. Wer an Widdertagen wie heute und morgen intensiv geistig arbeiten muss, sollte wieder nicht versäumen, mehr Wasser zu trinken als gewohnt, besonders zwischen 15 und 19 Uhr. Nieren und Blase arbeiten in diesen vier Stunden am besten und helfen optimal bei der Entgiftungsarbeit. Sprudelwasser ist für manche eher ungesund, Leitungswasser wäre sinnvoller, vielleicht aus einer Karaffe und belebt mit einem kleinen Magnetit-Stein oder einem Bergkristall. Auch Krüge aus EM-Keramik leisten gute Dienste. Bei Kopfschmerzen mit viel Augendruck hilft übrigens neben viel Wasser trinken auch Schafgarbentee.

Widder
zunehmender Mond

Mittwoch 20 JANUAR

Aus dem Mondlexikon für Neulinge. Widder beeinflusst den Kopfbereich mit Gehirn, Augen, Nase, Ohren und Oberkiefer. Das bedeutet: Was man heute für diese Region tut, wirkt doppelt wohltuend, vorbeugend und heilend – etwa ein Gesichtsdampfbad mit Kräutern oder eine Kopf- oder Gesichtsmassage. Was diese Region stärker belastet, wirkt sich ungünstiger aus als sonst, etwa stundenlange Bildschirmarbeit ohne kurze Pausen. Auch sollten Sie heute mehr trinken als gewohnt, besonders zwischen 15 und 19 Uhr, weil Sie damit erfolgreich Kopfschmerzen vorbeugen können.

Element:
Feuer
Tagesqualität:
Wärme
Nahrungsqualität:
Eiweiß, Frucht
Pflanzenteil:
Frucht
Körperzone:
Kopfbereich bis Oberkiefer
Organsystem:
Sinnesorgane

Widder
zunehmender Mond

Donnerstag

21

JANUAR

Stier

zunehmender Mond

Element:
Erde
Tagesqualität:
Kälte
Nahrungsqualität:
Salz
Pflanzenteil:
Wurzel
Körperzone:
Unterkiefer, Halsregion
Organsystem:
Kreislauf

Ihr persönlicher Mini-Mondkalender 2021
Haareschneiden
ist im Jahr 2021 sehr günstig:

vom 1.1. bis 5.1.	vom 12.7. bis 15.7.
vom 29.1. bis 1.2.	vom 8.8. bis 11.8.
vom 25.2. bis 28.2.	vom 4.9. bis 8.9.
vom 24.3. bis 28.3.	vom 2.10. bis 5.10.
vom 21.4. bis 24.4.	vom 29.10. bis 2.11.
vom 18.5. bis 22.5	vom 25.11. bis 29.11.
vom 14.6. bis 18.6.	vom 22.12. bis 26.12.

Unser Tipp: Wie immer ist Jungfrau ideal geeignet für das gute Styling, für Dauerwellen und den schnellen Übergang von Kurz- zu Langhaarfrisuren.

Freitag

22

JANUAR

Stier

zunehmender Mond

Ihr persönlicher Mini-Mondkalender 2021
Fensterputzen ist im Jahr 2021 günstig:

vom 1.1. bis 12.1.	vom 24.7. bis 7.8.
vom 29.1. bis 11.2.	vom 23.8. bis 6.9.
vom 28.2. bis 12.3.	vom 21.9. bis 6.10.
vom 29.3. bis 11.4.	vom 21.10. bis 4.11.
vom 27.4. bis 11.5.	vom 19.11. bis 3.12.
vom 27.5. bis 9.6.	vom 19.12. bis 2.1.2022
vom 25.6. bis 9.7.	

Sehr günstig ist das Fensterputzen, wenn in den genannten Zeiten der Mond gleichzeitig in einem Luft- oder Wasserzeichen steht. Wasserzeichen sind besonders günstig, wenn gleichzeitig der Rahmen mit gesäubert werden soll.

Element:
Erde
Tagesqualität:
Kälte
Nahrungsqualität:
Salz
Pflanzenteil:
Wurzel
Körperzone:
Unterkiefer, Halsregion
Organsystem:
Kreislauf

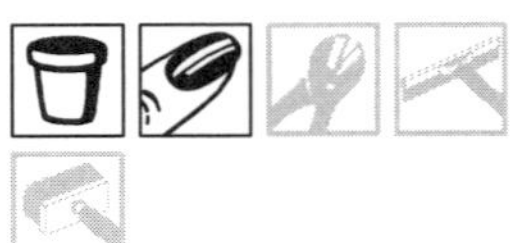

Element:
Erde
Tagesqualität:
Kälte
Nahrungsqualität:
Salz
Pflanzenteil:
Wurzel
Körperzone:
Unterkiefer, Halsregion
Organsystem:
Kreislauf

Samstag

23

JANUAR

Der besondere Tipp. Ein Wort an die Mondkalender-Neulinge: Immer wieder begegnen wir LeserInnen, die sich von der schieren Fülle des Wissens um die Einflüsse der Mondrhythmen eingeschüchtert fühlen und sich fragen, ob der Mondkalender das Leben nicht noch komplizierter macht, als es ist. Das absolute Gegenteil ist der Fall, es wird einfacher, alles fließt besser, man lebt gesünder und billiger. Unser Rat: Picken Sie aus der Fülle eine »Kleinigkeit« heraus, die Sie interessiert. Und beobachten Sie, was geschieht, wenn Sie sie ab jetzt zum richtigen Zeitpunkt tun. Dann folgt die Inspiration von selbst.

Stier
zunehmender Mond

Sonntag

24

JANUAR

Einfach zum Nachdenken

Die Furcht unterdrückt nur Laster,
bringt aber keine Tugenden hervor.

Claude Adrien Helvétius

Element:
Luft
Tagesqualität:
Licht
Nahrungsqualität:
Fett
Pflanzenteil:
Blüte
Körperzone:
Schultern, Arme, Hände
Organsystem:
Drüsensystem

Zwillinge
zunehmender Mond

Montag

25

JANUAR

Element:
Luft
Tagesqualität:
Licht
Nahrungsqualität:
Fett
Pflanzenteil:
Blüte
Körperzone:
Schultern, Arme, Hände
Organsystem:
Drüsensystem

Zwillinge
zunehmender Mond

Gesund bleiben, gesund werden. Eine Leserin schrieb uns kürzlich: »Haben wir überhaupt eine Chance, althergebrachtes Wissen mit der heutigen Medizin zu verbinden?« Da sind wir sehr zuversichtlich, denn das heutige Gesundheitswesen ist ein »Krankheitswesen«. Wir können es uns schon sehr bald nicht mehr leisten, nur noch Krankheiten zu bekämpfen, statt das Hauptgewicht der Information darauf zu legen, wie man gesund *bleiben* kann. Der Zusammenhang ist eigentlich recht einfach: Solange Medizin und Industrie die Umsätze mit Gesundwerden statt Gesundbleiben machen, wird sich nichts verbessern, und wir müssen Gesundheit eigenverantwortlich pflegen. Dabei helfen wir Ihnen.

Dienstag

26

JANUAR

Ihr persönlicher Mini-Mondkalender 2021
Permanent-Make-up und Tattoos
sind im Jahr 2021 günstig:

vom 1.1. bis 12.1.
vom 29.1. bis 11.2.
vom 28.2. bis 12.3.
vom 29.3. bis 11.4.
vom 27.4. bis 11.5.
vom 27.5. bis 9.6.
vom 25.6. bis 9.7.
vom 24.7. bis 7.8.
vom 23.8. bis 6.9.
vom 21.9. bis 6.10.
vom 21.10. bis 4.11.
vom 19.11. bis 3.12.
vom 19.12. bis 2.1.2022

Bitte in den genannten Zeiten sicherheitshalber das Tierkreiszeichen Steinbock auslassen, weil es die Haut regiert.

Krebs
zunehmender Mond

Element:
Wasser
Tagesqualität:
Feuchte
Nahrungsqualität:
Kohlenhydrate
Pflanzenteil:
Blatt
Körperzone:
Brustbereich, Lunge
Organsystem:
Nervensystem

Element:
Wasser
Tagesqualität:
Feuchte
Nahrungsqualität:
Kohlenhydrate
Pflanzenteil:
Blatt
Körperzone:
Brustbereich, Lunge
Organsystem:
Nervensystem

Mittwoch

27

JANUAR

Krebs
zunehmender Mond

Alpha und Omega – die wichtigsten Unterschiede zwischen den Ernährungstypen möchten wir Ihnen in diesem Jahr nahebringen. Thema heute: Getreide. Alpha-Typen vertragen Roggen, Omega-Typen Weizen. Umgekehrt wirken diese Getreide unverträglich. Wenn Sie Ihren Ernährungstyp noch nicht kennen, sind Sie mit Dinkelmehl auf der sicheren Seite, es ist neutral, was die Verträglichkeit betrifft. Ebenfalls neutral sind glutenfreie Mehle wie Quinoa, Amaranth, Buchweizen etc. Genauere Informationen zum Thema »persönlicher Ernährungstyp« finden Sie auf unserer Website unter »Service« oder auf Anfrage per E-Mail.

Donnerstag

28

JANUAR

Lindern und Heilen mit Wildkräutern – das soll dieses Jahr ein wichtiges Thema im Kalender sein. »Es stimmt nicht, dass gegen jede Krankheit ein Kraut gewachsen ist«, das hat kürzlich ein »Wissenschaftler« behauptet. Erstens sind erst ein Zehntel aller Pflanzen auf ihre Heilwirkungen untersucht, und zweitens ist nachweislich fast jede schwere Krankheit, darunter auch »unheilbare«, schon mit Hilfe von Kräutern geheilt worden. Wir möchten Ihnen deshalb in diesem Jahr nicht nur zeigen, welche Kräuter die hilfreichsten bei bestimmten Problemen sind, sondern auch eine Reihe von Kräutern vorstellen und das Spektrum ihrer Einsatzmöglichkeiten. Fangen wir morgen damit an.

Element:
Wasser
Tagesqualität:
Feuchte
Nahrungsqualität:
Kohlenhydrate
Pflanzenteil:
Blatt
Körperzone:
Brustbereich, Lunge
Organsystem:
Nervensystem

20.17

Krebs
Vollmond

Freitag

29

JANUAR

Element:
Feuer
Tagesqualität:
Wärme
Nahrungsqualität:
Eiweiß, Frucht
Pflanzenteil:
Frucht
Körperzone:
Herzregion, Kreislauf
Organsystem:
Sinnesorgane

Löwe
abnehmender Mond

Wildkräuter – Kraftwerke der Natur. Heute: Gelbe Taubnessel (Lamium galeobdolon). Die unscheinbare, leuchtend gelbe Taubnessel ist eine ideale Helferin bei allen Formen von *Störungen des Harntraktes, von Nieren, Blase etc.* Ebenso erfolgreich wird sie bei *Unterleibs- und Menstruationsbeschwerden* eingesetzt. Die Anwendung erfolgt am besten über einen kurz gezogenen Tee (wirksam auch gemischt mit Labkraut und Goldrute). Besonders wirksam ist die Taubnessel bei *Weißfluss*. Längere Zeit täglich getrunken bringt sie deutliche Besserung bis Heilung. Dazu kann man die weiße und gelbe Taubnessel pflücken wie einen Blumenstrauß und frisch verwenden.

Samstag

30

JANUAR

Der Mond – Ihr guter Freund in Haushalt und Alltag. Das Marmeladenglas-Symbol für »Einkochen günstig« möchte Sie immer daran erinnern, dass bei abnehmendem Mond Eingekochtes stets viel länger haltbar ist und Fruchtzeichen (Widder, Löwe, Schütze) wie heute obendrein das individuelle Aroma besser zur Geltung bringen. Obst ist bei zunehmendem Mond zwar saftiger, aber die Fäulnis- und Schimmelgefahr ist größer, deshalb am besten sofort verbrauchen. Weil heutzutage vielfach tiefgefrorene Früchte verarbeitet werden, finden Sie dieses Symbol während des ganzen Jahres.

Löwe
abnehmender Mond

Element:
Feuer
Tagesqualität:
Wärme
Nahrungsqualität:
Eiweiß, Frucht
Pflanzenteil:
Frucht
Körperzone:
Herzregion, Kreislauf
Organsystem:
Sinnesorgane

Element:
Erde
Tagesqualität:
Kälte
Nahrungsqualität:
Salz
Pflanzenteil:
Wurzel
Körperzone:
Verdauungsorgane
Organsystem:
Kreislauf

Sonntag

31

JANUAR

Einfach zum Nachdenken

Das Wesen der Selbständigkeit
ist keine Fähigkeit,
die wir in uns tragen. Wir müssen sie erwerben.
Protestiere, wenn dir etwas nicht zusagt.
Gehorsam ist eine gefährliche Eigenschaft.

Federica de Cesco

Jungfrau
abnehmender Mond

Der besondere Tipp. Vielleicht haben Sie ja den Tipp früher schon einmal beherzigt. Seit alter Zeit kommt nämlich dem morgigen Tag – »Mariä Lichtmess« – eine besondere Bedeutung zu. Früher wechselte man an diesem Tag die Arbeitsstelle, oder man markierte Ende und Beginn wichtiger Vorhaben. Wollten Sie schon länger etwas völlig Neues beginnen? Machen Sie dann morgen den ersten Schritt in die beabsichtigte Richtung – es genügen ein paar Notizen, ein Brief, ein Telefonat, eine Entscheidung. Zwar kann Ihnen der Tag allein keine Garantie für den Erfolg geben, aber es wird sehr schnell deutlich, ob das Neue Sinn hat oder nicht. Und das ist auch eine sehr wertvolle Information.

Montag

1

FEBRUAR

Element:
Erde
Tagesqualität:
Kälte
Nahrungsqualität:
Salz
Pflanzenteil:
Wurzel
Körperzone:
Verdauungsorgane
Organsystem:
Kreislauf

Jungfrau
abnehmender Mond

Dienstag

2

FEBRUAR

Element:
Luft
Tagesqualität:
Licht
Nahrungsqualität:
Fett
Pflanzenteil:
Blüte
Körperzone:
Hüfte, Nieren, Blase
Organsystem:
Drüsensystem

Ihr persönlicher Mini-Mondkalender 2021
ACHTUNG! Sonnenbaden
(auch Solariumsbesuch!) ist 2021 sehr ungünstig:

vom 26. bis 28.1.
am 23. und 24.2.
am 22. und 23.3.
vom 18. bis 20.4.
am 16. und 17.5.
am 12. und 13.6.
vom 9. bis 11.7.
vom 5. bis 7.8.
am 2. und 3.9.
am 29. und 30.9.
am 1.10.
vom 26. bis 28.10.
am 23. und 24.11.
am 20. und 21.12.

Schatten wäre an den genannten Tagen der beste Sonnenschutz!

Waage
abnehmender Mond

Mittwoch

3

FEBRUAR

Gesund bleiben, gesund werden. Waage regiert die Hüftregion, deshalb heute ein Tipp, zugeschnitten auf diesen Bereich: Das gewohnheitsmäßige Übereinanderschlagen der Beine im Sitzen ist eine der Hauptursachen für einen Beckenschiefstand und gelenksbedingte Beinlängenverkürzungen. Sie sollten zuerst einen guten Chiropraktiker oder Osteopathen aufsuchen, wenn Sie hier Probleme vermuten. Sie können nämlich in vielen Fällen wieder rückgängig gemacht werden. Spezielle Schuheinlagen zum »Ausgleichen« sind oftmals eine überflüssige bis schädliche Maßnahme, weil ja kein echter Beinlängenunterschied vorliegt.

Element:
Luft
Tagesqualität:
Licht
Nahrungsqualität:
Fett
Pflanzenteil:
Blüte
Körperzone:
Hüfte, Nieren, Blase
Organsystem:
Drüsensystem

Waage
abnehmender Mond

Element:
Wasser
Tagesqualität:
Feuchte
Nahrungsqualität:
Kohlenhydrate
Pflanzenteil:
Blatt
Körperzone:
Geschlechtsorgane
Organsystem:
Nervensystem

Donnerstag

4

FEBRUAR

Skorpion
abnehmender Mond

Der Tagesrhythmus der Organe. Die Bahn des Mondes ist nicht der einzige Naturrhythmus, der auf Körper, Geist und Seele des Menschen einwirkt. In den nächsten Monaten möchten wir Sie an eine weitere Wellenbewegung in der Natur erinnern, deren Kenntnis sich im Alltag nutzbringend einsetzen lässt – nämlich den Tagesrhythmus der Organe. Jedes Organ bzw. jede Organgruppe arbeitet während zweier bestimmter Stunden des Tages am besten, gefolgt von einer zweistündigen Erholungsphase. Wir werden sie der Reihe nach vorstellen und morgen damit beginnen.

Freitag

5

FEBRUAR

(Fortsetzung von gestern) Gallenblase und Leber sind die ersten Organe, die wir in der Reihe »Tagesrhythmus der Organe« vorstellen wollen. Sie gehören zu den Organen, die sich in erster Linie im Schlaf regenerieren – die Galle zwischen 23 abends und 1 Uhr früh, die Leber zwischen 1 und 3 Uhr früh. Zumindest an den Jungfrautagen sollten Sie darauf achten, vor 23 Uhr Schlaf zu finden. Allerdings nicht mit Medikamenten nachhelfen, wenn sich der Schlaf nicht einstellen will. Das ist stets schädlicher als die Schlaflosigkeit selbst. Viel besser wäre es, noch einen Liebesbrief zu schreiben oder etwas Sinnvolles zu arbeiten.

Element:
Wasser
Tagesqualität:
Feuchte
Nahrungsqualität:
Kohlenhydrate
Pflanzenteil:
Blatt
Körperzone:
Geschlechtsorgane
Organsystem:
Nervensystem

Skorpion
abnehmender Mond

Samstag

6

FEBRUAR

Element:
Feuer
Tagesqualität:
Wärme
Nahrungsqualität:
Eiweiß, Frucht
Pflanzenteil:
Frucht
Körperzone:
Oberschenkel, Venen
Organsystem:
Sinnesorgane

Schütze
abnehmender Mond

Wildkräuter – Kraftwerke der Natur. Heute: Brennnessel (Urtica dioica). Brennnesseln sind deshalb so verbreitet und so robust, weil wir diese Pflanze für unsere Gesundheit dringend bräuchten. Sie kann helfen bei: *Nierenproblemen, Vergiftungen, Erkältungsanfälligkeit, Müdigkeit, Anämie, mangelnder Durchblutung, Haarausfall.* Die häufigsten Anwendungsformen sind als Tee (nicht länger als eine Minute ziehen lassen!) oder als Tinktur (äußerlich, etwa für die Kopfhaut bei Haarproblemen). Der Tee verträgt das »Herumstehen« nicht, er verliert die Wirkung. Wenn Sie einen Rest haben: Er eignet sich als Spritzmittel gegen Läuse bei Ihren Pflanzen.

Sonntag

7

FEBRUAR

Einfach zum Nachdenken. Es ist Einbildung, dass es keine Brücken zwischen Ich und Du gäbe, dass jeder einsam und unverstanden einhergehe. Im Gegenteil, das, was die Menschen gemeinsam haben, ist viel mehr und wichtiger, als was jeder Einzelne für sich hat und wodurch er sich von anderen unterscheidet. *Hermann Hesse*

Schütze
abnehmender Mond

Element:
Feuer
Tagesqualität:
Wärme
Nahrungsqualität:
Eiweiß, Frucht
Pflanzenteil:
Frucht
Körperzone:
Oberschenkel, Venen
Organsystem:
Sinnesorgane

Element:
Erde
Tagesqualität:
Kälte
Nahrungsqualität:
Salz
Pflanzenteil:
Wurzel
Körperzone:
Knie, Knochen, Haut
Organsystem:
Kreislauf

Montag

8

FEBRUAR

Schütze
abnehmender Mond

Der besondere Tipp. Faschingsparty heute oder morgen/übermorgen? Vielleicht wird eine Schicht Schminke nötig? Die Haut ist zwar an Steinbocktagen empfindlicher als sonst, aber mit einem guten Abschminkprodukt können Sie vor dem Schlafengehen einiges wiedergutmachen. Anschließend tragen Sie noch eine Bio-Nachtcreme auf, und Ihre Haut wird den Trubel gut überstehen. Wenn Sie dann am nächsten Tag noch mehr Wasser trinken als gewohnt, wird Ihre Haut keinen Schaden erleiden. Ein Tipp: Wenn Sie Gurken essen, statt sie als Gesichtsmaske auf die Haut aufzulegen, nützt das der Hautgesundheit mehr. Die guten Dinge in der Gurke wirken von innen am besten!

Dienstag

9

FEBRUAR

Der Mond – Ihr guter Freund in Haushalt und Alltag. Im Bereich von Hausbau, Renovieren und Heimwerken ist fast jede Tätigkeit – etwa das Verlegen von Holzböden oder der Einbau von Stiegen – vom abnehmenden Mond begünstigt, besonders wenn er wie heute im Zeichen Steinbock steht. Vom ersten Tag an könnten Sie sich Unmengen von Umweltgiften und später umständliches und teures Nacharbeiten und damit viel Geld sparen. Deshalb haben wir auch unser Buch *Bauen mit dem Mond* für Sie gründlich überarbeitet. Natürliche Produkte (Naturharze, Holz, Schafwolle, Kalkfarben etc.) sind Chemiegiften und umweltbelastenden Industrieprodukten in fast jeder Hinsicht überlegen!

Element:
Erde
Tagesqualität:
Kälte
Nahrungsqualität:
Salz
Pflanzenteil:
Wurzel
Körperzone:
Knie, Knochen, Haut
Organsystem:
Kreislauf

Steinbock
abnehmender Mond

Mittwoch

10

FEBRUAR

Element:
Erde
Tagesqualität:
Kälte
Nahrungsqualität:
Salz
Pflanzenteil:
Wurzel
Körperzone:
Knie, Knochen, Haut
Organsystem:
Kreislauf

Steinbock
abnehmender Mond

Gesund bleiben, gesund werden. Nicht selten bringt man nicht nur gute Laune, sondern auch eine Erkältung vom Faschingstreiben mit heim. Wenn auch Sie heute und am Wochenende unterwegs sind, sollten Sie besonders bequeme, notfalls wasserdichte Schuhe tragen. Gummistiefel etwa könnten Sie mit Papier dekorieren und so in ein Faschings-Accessoire verwandeln. Ist hinterher ein Lokalbesuch fix geplant, könnten Sie vorsorglich dort schon die »feineren« Schuhe bereithalten. Zumindest haben wir es in meiner Heimat Tirol immer so gehalten, weil sich keiner von uns eine Erkältung leisten wollte und konnte.

Donnerstag

11

FEBRUAR

Lindern und Heilen mit Wildkräutern. Heute: Was tun bei starkem Schwitzen, bei nächtlichen Schweißausbrüchen? Wenn Ernährungsfehler ausgeschlossen werden können (etwa Kaffee nach 18 Uhr, zu viel Käse und andere Milchprodukte), dann ist ein starker, lange gezogener *Salbeitee* ein erfolgreiches Mittel, das die Situation schon bald normalisieren kann. Lange Ziehzeiten (länger als sieben Minuten) sind wichtig, weil kurz gezogener Salbeitee die gegenteilige Wirkung hat und Schwitzen fördert. In manchen Situationen ist das ja auch ein erwünschter Effekt, etwa wenn man eine Erkältung bald wieder loswerden möchte.

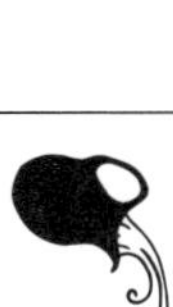

20.05

Wassermann
Neumond

Element:
Luft
Tagesqualität:
Licht
Nahrungsqualität:
Fett
Pflanzenteil:
Blüte
Körperzone:
Unterschenkel, Venen
Organsystem:
Drüsensystem

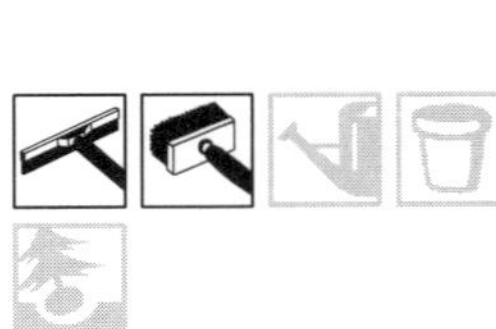

Element:
Luft
Tagesqualität:
Licht
Nahrungsqualität:
Fett
Pflanzenteil:
Blüte
Körperzone:
Unterschenkel, Venen
Organsystem:
Drüsensystem

Freitag

12

FEBRUAR

Wassermann
zunehmender Mond

Gesund bleiben, gesund werden. Ein Tipp für den guten Start in den Tag, besonders wirksam im Winter: Morgens vor dem Aufstehen die Beine nach oben an die Wand anlehnen und einige Minuten dort lassen, vielleicht ein wenig vibrieren lassen. Diese Übung verteilt das über Nacht gereinigte Blut besser im Körper, die Fließfähigkeit des Blutes kommt ins Gleichgewicht. Die Übung trägt zur Stabilisierung der Venenklappen bei und kann Krampfadern erfolgreich vorbeugen und schon bestehende lindern. Sie ist immer sinnvoll, aber an Wassermanntagen sollte man sie auf keinen Fall versäumen!

Wildkräuter – Kraftwerke der Natur. Heute: Beinwell (Symphytum officinale). Beinwell ist ein wunderbares Kraut bei vielen Formen von *Gelenkproblemen, Muskelverdickungen, Quetschungen etc.* Viele weitere Störungen in Zusammenhang mit Muskeln und Knochen konnten mit Beinwell gelindert und geheilt werden. In der Regel kommen Teezubereitungen und Breiauflagen zur Anwendung. Die frischen rauen Blätter etwas klopfen oder mit einem Nudelholz bearbeiten und auf die Haut auflegen. Vielleicht mit einer Bandage fixieren.

Samstag

13

FEBRUAR

Element:
Wasser
Tagesqualität:
Feuchte
Nahrungsqualität:
Kohlenhydrate
Pflanzenteil:
Blatt
Körperzone:
Füße, Zehen
Organsystem:
Nervensystem

Fische
zunehmender Mond

Sonntag

14

FEBRUAR

Valentinstag

Element:
Wasser
Tagesqualität:
Feuchte
Nahrungsqualität:
Kohlenhydrate
Pflanzenteil:
Blatt
Körperzone:
Füße, Zehen
Organsystem:
Nervensystem

Fische
zunehmender Mond

Einfach zum Nachdenken

Hass, als Minus und vergebens,
wird vom Leben abgeschrieben.
Positiv im Buch des Lebens
steht verzeichnet nur das Lieben.
Ob ein Minus oder Plus
uns verblieben, zeigt der Schluss.

Wilhelm Busch

Montag

15

FEBRUAR

Rosenmontag

Humor ist gute Medizin. Ein Pfarrer, ein Arzt und ein Ingenieur folgen einer besonders langsamen Gruppe von Golfspielern. Ingenieur: »Hey, da kommt George, der Greenkeeper. Den werden wir mal fragen, warum die so langsam sind!« George: »Oh ja, das sind drei blinde Feuerwehrmänner. Die sind blind geworden, als sie letztes Jahr unser Clubhaus gerettet haben. Seitdem lassen wir sie hier jederzeit umsonst spielen.« Schweigen. Der Pfarrer sagt: »Das ist ja so traurig. Ich werde heute Abend ein Gebet für sie sprechen.« Der Arzt sagt: »Gute Idee, und ich werde morgen einen Kollegen anrufen. Vielleicht kann er irgendwie helfen.« Der Ingenieur: »Warum spielen sie nicht nachts?«

Widder
zunehmender Mond

Element:
Feuer
Tagesqualität:
Wärme
Nahrungsqualität:
Eiweiß, Frucht
Pflanzenteil:
Frucht
Körperzone:
Kopfbereich bis Oberkiefer
Organsystem:
Sinnesorgane

Element:
Feuer
Tagesqualität:
Wärme
Nahrungsqualität:
Eiweiß, Frucht
Pflanzenteil:
Frucht
Körperzone:
Kopfbereich bis Oberkiefer
Organsystem:
Sinnesorgane

Dienstag

16

FEBRUAR

Faschingsdienstag

Einfach zum Nachdenken – mit Humor. Warum sich Sorgen machen? Eigentlich müssen Sie sich nur über zwei Dinge Sorgen machen: Ob Sie gesund oder krank sind. Sind Sie gesund, gibt's nichts zu sorgen. Sind Sie krank, müssen Sie sich nur über zwei Dinge Sorgen machen: Werden Sie gesund, gibt's nichts zu sorgen, sterben Sie, müssen Sie sich nur über zwei Dinge Sorgen machen: Entweder kommen Sie in den Himmel oder in die Hölle. Kommen Sie in den Himmel, gibt's nichts zu sorgen – kommen Sie in die Hölle, sind Sie so sehr damit beschäftigt, die Hände alter Freunde zu schütteln, dass Sie gar keine Zeit haben, sich Sorgen zu machen. Warum also sich Sorgen machen?

Widder
zunehmender Mond

Mittwoch

17

FEBRUAR

Aschermittwoch

Einfach zum Nachdenken

»Geh du vor«, sagte die Seele zum Körper.
»Auf mich hört er nicht,
vielleicht hört er auf dich.«
»Ich werde krank werden,
dann wird er auf dich hören«,
sagte der Körper zur Seele.

Ulrich Schaffer

Element:
Feuer
Tagesqualität:
Wärme
Nahrungsqualität:
Eiweiß, Frucht
Pflanzenteil:
Frucht
Körperzone:
Kopfbereich bis Oberkiefer
Organsystem:
Sinnesorgane

Widder
zunehmender Mond

Donnerstag

18

FEBRUAR

Element:
Erde
Tagesqualität:
Kälte
Nahrungsqualität:
Salz
Pflanzenteil:
Wurzel
Körperzone:
Unterkiefer, Halsregion
Organsystem:
Kreislauf

Stier
zunehmender Mond

Gesund bleiben, gesund werden. Eine gründliche Massage der gesamten Hals-, Nacken- und Schulterpartie ist an Stiertagen immer eine Wohltat. Aber auch an eine ganz einfache, sehr wirksame Technik möchten wir heute erinnern: Nachdem die Ohrläppchen schon zum Tierkreiszeichen Stier gehören, sollten Sie ihnen besondere Aufmerksamkeit widmen. Nehmen Sie sie zwischen Daumen und abgebogenen Zeigefinger und ziehen Sie mit sanftem bis festerem Druck nach unten, jeweils sieben Mal (Ohrringe vorher entfernen!). Diese Übung weckt viele Kräfte im Körper, besonders aber die geistigen, verstandesorientierten Fähigkeiten.

Freitag

19

FEBRUAR

Gesund bleiben, gesund werden. Blutbildende Lebensmittel, wie beispielsweise alle rot gefärbten Gemüse, wirken an Stiertagen besonders gut. Dieses Wissen ist in Vergessenheit geraten, weil sie nicht jeden Tag gleich gut wirken. In den Wintermonaten bevorzugen wir bei uns zu Hause Rote Bete, nicht nur als Saft. Sie helfen nicht nur bei der Blutbildung, sondern auch beim Entgiften. Sie können regelrecht fühlen, wie sie den Kopf frei machen. Auch als Rohkost sind sie gut geeignet. Das hat den Vorteil, dass es am Morgen schneller geht, etwa wenn Sie einen Smoothie zubereiten wollen. Ein guter Start in den Tag!

Stier
zunehmender Mond

Element:
Erde
Tagesqualität:
Kälte
Nahrungsqualität:
Salz
Pflanzenteil:
Wurzel
Körperzone:
Unterkiefer, Halsregion
Organsystem:
Kreislauf

Element:
Luft
Tagesqualität:
Licht
Nahrungsqualität:
Fett
Pflanzenteil:
Blüte
Körperzone:
Schultern, Arme, Hände
Organsystem:
Drüsensystem

Samstag 20 FEBRUAR

Gesund bleiben, gesund werden. Nicht nur den Lauf des Mondes und seine Einflüsse beleuchten wir in unseren Büchern, sondern auch zum Beispiel die »Organuhr«, die Ruhe- und Leistungsphasen der Organe. Der Magen etwa arbeitet von sieben bis neun Uhr morgens auf Hochtouren und ist bereit für Energienachschub. Womit beginnt bei Ihnen der Tag? Mit einem ausgewogenen Müslifrühstück, mit Vollwertkost, mit Kräutertee? Das ist letztlich weniger wichtig als die Frage, ob Sie den Morgen so gestalten, dass er Sie mit Schwung und Optimismus in den Tag entlässt. Und darüber entscheidet nicht nur die Zusammensetzung Ihres Frühstücks!

Zwillinge
zunehmender Mond

Sonntag 21 FEBRUAR

Einfach zum Nachdenken

Ideologie ist Ordnung
auf Kosten des Weiterdenkens.

Friedrich Dürrenmatt

Element:
Luft
Tagesqualität:
Licht
Nahrungsqualität:
Fett
Pflanzenteil:
Blüte
Körperzone:
Schultern, Arme, Hände
Organsystem:
Drüsensystem

Zwillinge
zunehmender Mond

Montag

22

FEBRUAR

Element:
Luft
Tagesqualität:
Licht
Nahrungsqualität:
Fett
Pflanzenteil:
Blüte
Körperzone:
Schultern, Arme, Hände
Organsystem:
Drüsensystem

Zwillinge
zunehmender Mond

Mondwissen enträtselt. Eine Leserin wollte wissen: »Gibt es Berührungspunkte zwischen Mondwissen und Astrologie, weil Ihre Bücher in der Buchhandlung oft nur dort zu finden sind?« Die Buchhandlungen hatten anfangs Probleme, eine passende Kategorie für unsere Bücher zu wählen, denn es gab ja nichts Vergleichbares. Unser Gartenbuch *Der lebendige Garten* findet sich glücklicherweise inzwischen öfter auch mal in den Gartenbuch-Abteilungen. Der einzige Berührungspunkt zur Astrologie ist bei uns die Berechnungsweise des Mondkalenders – das einzige Werkzeug, das man zur Anwendung des Mondwissens braucht.

Dienstag

23

FEBRUAR

Humor ist gute Medizin

Ein Mann verlangt im Blumenladen 100 Rosen.
Die Floristin flüstert ihm zu:
»Du meine Güte, verraten Sie mir,
was Sie angestellt haben?«

Krebs
zunehmender Mond

Element:
Wasser
Tagesqualität:
Feuchte
Nahrungsqualität:
Kohlenhydrate
Pflanzenteil:
Blatt
Körperzone:
Brustbereich, Lunge
Organsystem:
Nervensystem

Mittwoch 24 FEBRUAR

Element:
Wasser
Tagesqualität:
Feuchte
Nahrungsqualität:
Kohlenhydrate
Pflanzenteil:
Blatt
Körperzone:
Brustbereich, Lunge
Organsystem:
Nervensystem

Moon Power für Garten, Feld und Wald. Eine Leserin fragte uns, ob es einen geeigneten Zeitpunkt gibt, einen Baum zu fällen, damit die Wurzeln nicht mehr austreiben. Der ideale Zeitpunkt dafür sind alljährlich die letzten zwei Tage im Februar, gleichgültig ob Schaltjahr oder nicht. Von beiden Tagen eignet sich der 28. Februar immer am besten. Bei Einhaltung dieser alten Regel verrottet dann auch die Wurzel. Wenn also ein erneutes Austreiben gewünscht ist, sollte man an diesen beiden Tagen besser nicht Hand an den Baum legen. Um Anfragen vorwegzunehmen: Diese Regel ist vom Mondstand völlig unabhängig, wie manch andere Regeln zum Holzschlagen auch.

Krebs
zunehmender Mond

Donnerstag 25 FEBRUAR

Humor ist gute Medizin

»Unter welchem Zeichen bist du geboren?«
»Privatbesitz – Betreten verboten!«
»Nein, nein, ich meinte unter welchem Tierkreiszeichen?«
»Oh, klar! Im Zeichen des Esels.«
»Das Zeichen des Esels? Kenne ich nicht.«
»Nun, du bist älter als ich. Seit deiner Zeit hat sich einiges getan.«

Element:
Feuer
Tagesqualität:
Wärme
Nahrungsqualität:
Eiweiß, Frucht
Pflanzenteil:
Frucht
Körperzone:
Herzregion, Kreislauf
Organsystem:
Sinnesorgane

Löwe
zunehmender Mond

Freitag

26

FEBRUAR

Element:
Feuer
Tagesqualität:
Wärme
Nahrungsqualität:
Eiweiß, Frucht
Pflanzenteil:
Frucht
Körperzone:
Herzregion, Kreislauf
Organsystem:
Sinnesorgane

Löwe
zunehmender Mond

Gesund bleiben, gesund werden. Manche Menschen spüren das Tierkreiszeichen Löwe stärker als den Vollmond, was die Wirkung auf den Kreislauf betrifft. Hier eine gute Ausgleichsübung: Streichen Sie sanft mit Zeige- und Mittelfinger den Herzmeridian der jeweils anderen Hand hinauf. Der Meridian beginnt an der Innenseite des kleinen Fingers, wandert über die Innenseite von Unter- und Oberarm bis zur Achselhöhle. Atmen Sie langsam aus, während Sie den Meridian verfolgen. Atmen Sie sehr langsam ein, bevor Sie ein weiteres Mal den Arm hinaufwandern. Die Übung machen Sie, sooft Sie wollen, bis das Gefühl Ihnen sagt: Genug.

Samstag

27

FEBRUAR

Schön sein, schön bleiben. Ein Tipp zum heutigen »Haarschneidetag«, der ja auch ein guter Haarwaschtag ist: Um sich eine gesunde Kopfhaut zu bewahren, wäre es eine gute Idee, wenn der letzte Guss beim Waschen um einiges kühler ist als die eingestellte Temperatur. Der Guss muss nicht eiskalt sein, nur um so viel kühler, wie es gerade noch gut auszuhalten ist. Und noch ein Tipp: Ein altbewährtes Mittel für mehr Glanz in den Haaren ist es, einen Liter kühles Wasser mit 1 bis 2 EL Essig nach der Haarwäsche und dem Ausspülen drüber zu gießen (am besten schon vorher bereitstellen). Das Resultat wird Sie überzeugen.

09.17

Jungfrau
Vollmond

Element:
Erde
Tagesqualität:
Kälte
Nahrungsqualität:
Salz
Pflanzenteil:
Wurzel
Körperzone:
Verdauungsorgane
Organsystem:
Kreislauf

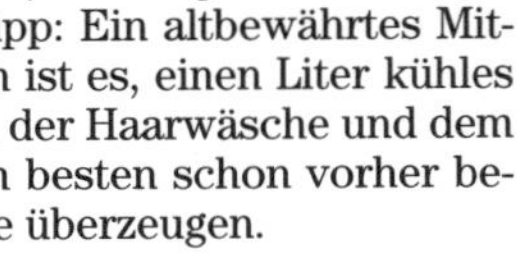

Element:
Erde
Tagesqualität:
Kälte
Nahrungsqualität:
Salz
Pflanzenteil:
Wurzel
Körperzone:
Verdauungsorgane
Organsystem:
Kreislauf

Sonntag

28

FEBRUAR

Jungfrau
abnehmender Mond

Einfach zum Nachdenken

Neun Zehntel der Weisheit bestehen darin,
zum richtigen Zeitpunkt weise zu sein.

Theodore Roosevelt

Montag

1

MÄRZ

Lindern und Heilen mit Wildkräutern. Heute: Gelenkprobleme, Arthritis, Arthrose. Wenn es hier und da in den Gelenken zieht und knackst, können diese Kräuter und Stoffe einzeln oder im Team lindernd und heilend wirken: *Beinwell, Zinnkraut, Brennnessel (siehe auch morgen), Wiesen-Bärenklau, Heublumenbäder.*
Beinwellsalben bieten Apotheken an, oder man kann sie selbst herstellen. Gilt auch für Zinnkraut. Zinnkrauttee muss korrekt zubereitet werden: Nicht überbrühen, sondern mehrere Stunden kalt ansetzen! Dann abseihen. Für Umschläge kann man jedoch das Kraut überbrühen.

Element:
Luft
Tagesqualität:
Licht
Nahrungsqualität:
Fett
Pflanzenteil:
Blüte
Körperzone:
Hüfte, Nieren, Blase
Organsystem:
Drüsensystem

Waage
abnehmender Mond

Dienstag

2

MÄRZ

Element:
Luft
Tagesqualität:
Licht
Nahrungsqualität:
Fett
Pflanzenteil:
Blüte
Körperzone:
Hüfte, Nieren, Blase
Organsystem:
Drüsensystem

Waage
abnehmender Mond

Gesund bleiben, gesund werden. Eine frühe Frühjahrskur mit Brennnesseltee ist eine wunderbare Sache, um Frühjahrsmüdigkeit gar nicht erst aufkommen zu lassen. Beginnen Sie heute mit der Kur und hören Sie am 13. März auf, um die günstige Mondphase, den abnehmenden Mond, auszunutzen. Trinken Sie täglich zwischen 15 und 19 Uhr etwa einen halben Liter Brennnesseltee. Wenn irgendwie verfügbar, dann frische junge Blätter verwenden, ansonsten genügen getrocknete. Den Tee bitte nur eine Minute ziehen lassen! Zehn Minuten – wie oftmals empfohlen – ist viel zu lang und macht den Tee wirkungslos. Brennnesseltee sollte auch nicht in der Thermoskanne aufbewahrt werden.

Mittwoch

3

MÄRZ

Moon Power für Garten, Feld und Wald. Eine Leserin fragte im letzten Jahr, wann der richtige Zeitpunkt herrscht, um einen Asphaltweg aufzugraben und in einen Naturweg zu verwandeln. Nach Jahrzehnten des Asphaltierungswahns kommt man endlich wieder zurück. Damit Sie früh genug informiert sind: Bei abnehmendem Mond im Zeichen Steinbock mit Wegschotter gewalzte Flächen bleiben wunderbar glatt. Sie waschen sich auch durch starken Regen nicht aus und rutschen nicht ab. Sie erhitzen sich im Sommer nicht so stark, sperren den Regen nicht vor der Erde ab – und beobachten Sie einmal, um wie viel angenehmer das Wandern auf ihnen ist!

Skorpion
abnehmender Mond

Element:
Wasser
Tagesqualität:
Feuchte
Nahrungsqualität:
Kohlenhydrate
Pflanzenteil:
Blatt
Körperzone:
Geschlechtsorgane
Organsystem:
Nervensystem

Element:
Wasser
Tagesqualität:
Feuchte
Nahrungsqualität:
Kohlenhydrate
Pflanzenteil:
Blatt
Körperzone:
Geschlechtsorgane
Organsystem:
Nervensystem

Donnerstag 4 MÄRZ

Der Mond – Ihr guter Freund in Haushalt und Alltag. Sie wissen vielleicht schon, dass der Mond sogar bei der Schuhpflege ein Wörtchen mitzureden hat: Bei abnehmendem Mond geputzt, bleibt jedes Schuhwerk länger sauber, das Leder wird nicht so angegriffen und ist haltbarer. Schuhe nur zu dieser Zeit zu pflegen ist natürlich nicht immer möglich, doch besonders wenn jetzt allmählich das Winterschuhwerk verstaut wird, sollten Sie es vorher unbedingt bei abnehmendem Mond reinigen und eincremen. Eine Erstimprägnierung nagelneuer Schuhe bei abnehmendem Mond hält fast das ganze Schuhleben lang!

Skorpion
abnehmender Mond

Freitag 5 MÄRZ

Moon Power für Garten, Feld und Wald. Wer seine Kräfte nicht auf Faschingsfesten verausgabt hat, sollte sich heute um seine Obstgehölze kümmern, wenn welche den Garten zieren. Heute ist nämlich wieder ein günstiger Tag für den Obstbaumschnitt – in Garten und Landwirtschaft eine der heikelsten Tätigkeiten. Das wäre in diesem Jahr besonders wichtig, nachdem die Klimakapriolen der letzten Jahre die Bäume sicherlich angestrengt haben und sie große Hitze und hohe Schneelasten ertragen mussten. Der richtige Zeitpunkt – bei abnehmendem Mond in Schütze – bedeutet einen großen Schritt in Richtung Erholung und gute Ernte.

Element:
Feuer
Tagesqualität:
Wärme
Nahrungsqualität:
Eiweiß, Frucht
Pflanzenteil:
Frucht
Körperzone:
Oberschenkel, Venen
Organsystem:
Sinnesorgane

Schütze
abnehmender Mond

Samstag

6

MÄRZ

Element:
Feuer
Tagesqualität:
Wärme
Nahrungsqualität:
Eiweiß, Frucht
Pflanzenteil:
Frucht
Körperzone:
Oberschenkel, Venen
Organsystem:
Sinnesorgane

Schütze
abnehmender Mond

Gesund bleiben, gesund werden. Mondgymnastik vertreibt die Frühjahrsmüdigkeit! Lehnen Sie sich heute einmal mit dem Rücken gerade an eine Wand oder an den Türstock, mit den Füßen halten Sie eine Fußlänge Abstand zur Wand. Der Kopf sollte leicht an der Wand lehnen, damit sich der Nacken nicht verspannt, und die Arme bleiben hängen. Rutschen Sie nun langsam an der Wand hinunter, bis die Oberschenkel spannen, vibrieren und warm werden. Die Knie sollten dabei nicht wehtun. Zählen Sie anfangs bis drei, später dann bis sieben. In einem Zug wieder nach oben rutschen. Das Ganze dreimal. Genießen Sie das gute Gefühl, das sich einstellt.

Sonntag

7

MÄRZ

Einfach zum Nachdenken

Es gibt kein Vergangenes, das man zurücksehnen dürfte, es gibt nur ein ewig Neues, das sich ausnahmslos aus den erweiterten Elementen des Vergangenen gestaltet, und die echte Sehnsucht muss produktiv sein, ein neues Besseres zu schaffen.

Johann Wolfgang von Goethe

Schütze
abnehmender Mond

Element:
Feuer
Tagesqualität:
Wärme
Nahrungsqualität:
Eiweiß, Frucht
Pflanzenteil:
Frucht
Körperzone:
Oberschenkel, Venen
Organsystem:
Sinnesorgane

Montag 8 MÄRZ

Element:
Erde
Tagesqualität:
Kälte
Nahrungsqualität:
Salz
Pflanzenteil:
Wurzel
Körperzone:
Knie, Knochen, Haut
Organsystem:
Kreislauf

Moon Power für Garten, Feld und Wald. Fragen einer Leserin: »Warum taucht in unseren Kalendern das Unkrautjäten-Symbol so selten auf? Und wie wird man Zinnkraut los?« Die Kalender zeigen Ihnen nur die besten und schlechtesten Tage zum Jäten. Generell gilt, dass der abnehmende Mond bessere Ergebnisse bei der Unkrautbekämpfung bringt als der zunehmende. Zinnkraut wächst überall dort, wo im Boden Kieselsäure vorhanden ist und bei den Menschen in der Umgebung Bindegewebsschwäche droht. Unkräuter sind Zeichen für einen Mangel und gleichzeitig dafür, was die Menschen in der Umgebung am meisten brauchen, um gesund zu werden und zu bleiben.

Steinbock
abnehmender Mond

Dienstag 9 MÄRZ

Wildkräuter – Kraftwerke der Natur. Heute: Frauenmantel (Alchemilla vulgaris). Als DAS Frauenkraut wirkt es *entzündungshemmend, muskelaufbauend, fiebersenkend und nervenstärkend*. Gemeinsam mit Hirtentäschel, Schafgarbe und Ringelblume ergibt es einen wunderbaren Tee, nicht nur für Frauen! Für Umschläge eine Handvoll Kräuter überbrühen, sieben Minuten ziehen lassen, Tuch eintauchen, Umschlag auflegen und trocken abdecken, etwa mit einem Handtuch (keine Folie verwenden!). Schafgarbentee 14 Tage lang wäre übrigens ein Mittel der Wahl, wenn man häufig Kopfschmerzen hat. Sie sind oft Folge von Nierenproblemen.

Element:
Erde
Tagesqualität:
Kälte
Nahrungsqualität:
Salz
Pflanzenteil:
Wurzel
Körperzone:
Knie, Knochen, Haut
Organsystem:
Kreislauf

Steinbock
abnehmender Mond

Mittwoch

10

MÄRZ

Element:
Luft
Tagesqualität:
Licht
Nahrungsqualität:
Fett
Pflanzenteil:
Blüte
Körperzone:
Unterschenkel, Venen
Organsystem:
Drüsensystem

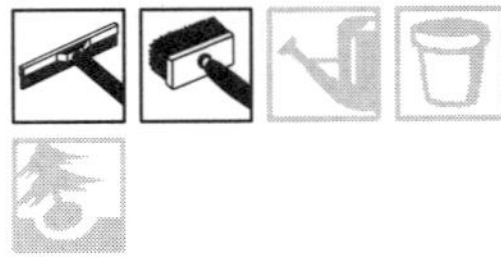

Wassermann
abnehmender Mond

Moon Power für Garten, Feld und Wald. Bevor wir in diesem Jahr wieder nach und nach in spezielle Gartentipps einsteigen, ein Wort zum Thema Klimaeinfluss und Mondregeln. Selbstverständlich spielt das Wetter immer eine wichtige Rolle! Manche Regionen erleben im Freiland nur ein kurzes Fenster für Saat und Ernte, während man sich in wärmeren Gegenden auf längere Vegetationsperioden verlassen kann. Bitte achten Sie also immer auf die Klimasituation bei Ihnen zu Hause! Es wäre schade, wenn ein »Eisheiliger« Ihre Arbeit zunichte macht, nur weil man zum Beispiel in Nordtirol mehr Geduld gebraucht hätte als in Südtirol.

Donnerstag

11

MÄRZ

Der Tagesrhythmus der Organe. Heute: die Lunge. Bergsteiger und Tourengeher wissen, dass sie der Start um 3 Uhr früh viel besser in Schwung bringt, als wenn sie »ausgeschlafen« um 5 Uhr morgens starten würden. Die Hoch-Zeit der Lunge währt nämlich von 3 Uhr bis 5 Uhr früh. Der gute Start lässt sie den Kräfteabfall nach 5 Uhr früh viel besser überbrücken – man hat sich »eingelaufen«. Raucher kennen den Hustenreiz am Morgen, die Lunge hat eben in der Nacht ganze Arbeit geleistet, um mit den Flimmerhärchen auf ihren Innenflächen nach außen zu schaufeln, was nicht hineingehört (zum Beispiel auch Vaping-Öl!).

Wassermann
abnehmender Mond

Element:
Luft
Tagesqualität:
Licht
Nahrungsqualität:
Fett
Pflanzenteil:
Blüte
Körperzone:
Unterschenkel, Venen
Organsystem:
Drüsensystem

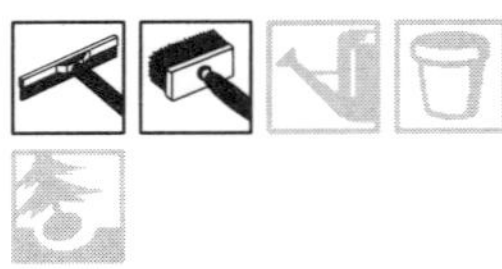

Element:
Wasser
Tagesqualität:
Feuchte
Nahrungsqualität:
Kohlenhydrate
Pflanzenteil:
Blatt
Körperzone:
Füße, Zehen
Organsystem:
Nervensystem

Freitag 12 MÄRZ

Fische
abnehmender Mond

Gesund bleiben, gesund werden. Körperliche Fitness liegt Ihnen am Herzen? Abgesehen von Ihren persönlichen Fitness-Routinen ist an Fischetagen immer dreierlei besonders wichtig: gutes Schuhwerk, gute Fußdurchwärmung und die Farbe Grün in Ihrer Kost. Wassertage (Krebs, Skorpion, Fische) beeinflussen das Nervensystem, das für viel Grün im Essen wegen der B-Vitamine sehr dankbar ist. Salattage stärken nicht nur Ihre Nerven, sie sorgen auch für mehr Beweglichkeit und somit größeres Wohlbefinden. Und beim Schuhwerk sollten Sie niemals sparen, denn gute, fußgerechte Schuhe sind eine der Grundvoraussetzungen für einen gesunden Körper.

Samstag 13 MÄRZ

Mondkalender enträtselt: Nutzen Sie jedes Tierkreiszeichen, mal zum Kräftigen (bei zunehmendem Mond), mal zum Entgiften (bei abnehmendem Mond), mal zum Genießen (immer), dann wird Ihre Reise durch den Körper niemals langweilig. Was bedeutet also »Körperzone Füße«? Es ist ganz einfach: Was Sie in den Fischetagen für die Füße tun, wirkt doppelt wohltuend, vorbeugend und heilend, besonders eine Fußreflexzonenmassage. Die Ausnahme sind chirurgische Eingriffe an den Füßen. Alles, was die Füße in den Fischetagen stärker belastet, wirkt schädlicher als an anderen Tagen. Etwa Unterkühlung und das Tragen von zu engen Schuhen.

Element:
Wasser
Tagesqualität:
Feuchte
Nahrungsqualität:
Kohlenhydrate
Pflanzenteil:
Blatt
Körperzone:
Füße, Zehen
Organsystem:
Nervensystem

11.20

Fische
Neumond

Sonntag

14

MÄRZ

Element:
Wasser
Tagesqualität:
Feuchte
Nahrungsqualität:
Kohlenhydrate
Pflanzenteil:
Blatt
Körperzone:
Füße, Zehen
Organsystem:
Nervensystem

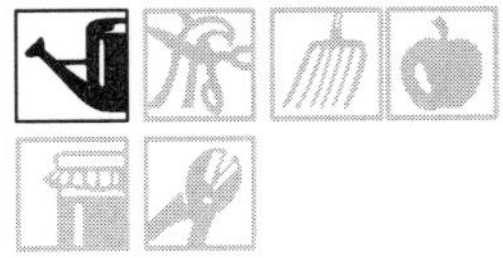

Fische
zunehmender Mond

Einfach zum Nachdenken

Habe niemals Angst,
für dumm gehalten zu werden,
ein intelligenter Mensch
kann sich das erlauben.

Franca Magnani

Montag

15

MÄRZ

Der besondere Tipp. Fast sieht man es dem Symbol für das Tierkreiszeichen Widder an: Widdertage sind immer ein Anlass, alle Vorhaben langsam und überlegt anzugehen und keine vorschnellen Entscheidungen zu fällen. Kein guter Tag also für die beliebte Methode »mit dem Kopf durch die Wand«! Ein idealer Tag dagegen zum Meditieren und für kalte Umschläge an Kopf und Stirn. Augen auf auch im Straßenverkehr: So mancher Verkehrsteilnehmer vergisst heute gerne, dass Miteinander, Rücksichtnahme und das Voraussehen der Fehler anderer die sicherste Vorbeugung gegen Unfälle ist. Also nichts persönlich nehmen!

Widder
zunehmender Mond

Element:
Feuer
Tagesqualität:
Wärme
Nahrungsqualität:
Eiweiß, Frucht
Pflanzenteil:
Frucht
Körperzone:
Kopfbereich bis Oberkiefer
Organsystem:
Sinnesorgane

Element:
Feuer
Tagesqualität:
Wärme
Nahrungsqualität:
Eiweiß, Frucht
Pflanzenteil:
Frucht
Körperzone:
Kopfbereich bis Oberkiefer
Organsystem:
Sinnesorgane

Dienstag 16 MÄRZ

Alpha und Omega – die wichtigsten Unterschiede zwischen den Ernährungstypen. Thema heute: Früchte. Alpha-Typen vertragen Kernobst (Äpfel, Birnen etc.), Omega-Typen Steinobst (Kirschen, Pfirsiche etc.). Umgekehrt wirken diese Früchte unverträglich. Auf Steinobst wie etwa in einem Zwetschgenkuchen reagieren Alpha-Typen oft augenblicklich mit Sodbrennen. Wenn Sie Ihren Ernährungstyp noch nicht kennen, sind Sie mit Beerenobst auf der sicheren Seite, es ist neutral, was die Verträglichkeit betrifft. Genauere Informationen zum Thema »persönlicher Ernährungstyp« finden Sie auf unserer Website.

Widder
zunehmender Mond

Mittwoch 17 MÄRZ

Mondkalender enträtselt. Viele chronische Schmerzzustände können in jedem Alter auf natürliche Weise gestoppt werden. Dazu ist erstens die Bereitschaft nötig, einige Minuten täglich eine leichte Gymnastik zu machen (ideal ist die zeitsparende Mondgymnastik), zweitens die Bereitschaft, sich nach einer persönlich angepassten, gesunden Ernährungsweise zu richten, und drittens die richtige Einstellung. Sie müssen nämlich etwas Geduld mitbringen. Der Marathonläufer Fauja Singh war 89 Jahre alt, als er mit dem Laufen begann, und seinen letzten Marathon lief er mit 101. Es ist für viele Dinge niemals zu spät.

Element:
Erde
Tagesqualität:
Kälte
Nahrungsqualität:
Salz
Pflanzenteil:
Wurzel
Körperzone:
Unterkiefer, Halsregion
Organsystem:
Kreislauf

Stier
zunehmender Mond

Donnerstag

18

MÄRZ

Element:
Erde
Tagesqualität:
Kälte
Nahrungsqualität:
Salz
Pflanzenteil:
Wurzel
Körperzone:
Unterkiefer, Halsregion
Organsystem:
Kreislauf

Stier
zunehmender Mond

Gesund bleiben, gesund werden. Die Energie der Stiertage im Mondrhythmus regiert auch die Stimmbänder. Wer beispielsweise einem Chor angehört oder einen Gesangsauftritt welcher Art auch immer hinlegen muss, sollte unbedingt drei Tage vorher keine Milchprodukte mehr zu sich nehmen, weil sie die Stimmbandregion verschleimen – eine Erfahrung, die jeder professionelle Sänger kennt. Viele vertragen vor Auftritten auch keinen Orangensaft. Milchprodukte sind bei ständig verschnupften Kindern und fürs Schnarchen die Hauptursache, besonders wenn sie regelmäßig auf dem Speiseplan stehen.

Freitag

19

MÄRZ

Lindern und Heilen mit Wildkräutern. Heute: Heiserkeit. Was die Halsregion an Stiertagen stärker belastet, wirkt schädlicher als an anderen Tagen. *Huflattichtee* ist der beste uns bekannte Tee gegen Heiserkeit, ganz besonders, wenn er an Stier gesammelt worden ist. In den meisten Regionen wächst er jetzt schon! Nehmen Sie von den gelben, samtigen Köpfchen, so viele Sie brauchen. Lassen Sie sie dann an luftiger Stelle trocknen und füllen Sie sie erst bei abnehmendem Mond ab. Sie sollten beim Trocknen viel Platz haben, weil sie sonst schimmeln. Als Vorbeugung sehr wirksam, wenn man viel reden muss oder singen. Dann würde sich das Anlegen eines Vorrats lohnen.

Element:
Erde
Tagesqualität:
Kälte
Nahrungsqualität:
Salz
Pflanzenteil:
Wurzel
Körperzone:
Unterkiefer, Halsregion
Organsystem:
Kreislauf

Stier
zunehmender Mond

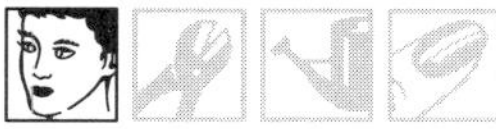

Element:
Luft
Tagesqualität:
Licht
Nahrungsqualität:
Fett
Pflanzenteil:
Blüte
Körperzone:
Schultern, Arme, Hände
Organsystem:
Drüsensystem

Samstag 20 MÄRZ

Zwillinge
zunehmender Mond

Gesund bleiben, gesund werden. Zwillinge regiert auch die Hände, deshalb ein Spezialtipp für leidenschaftliche Jogger: Was halten Sie von einem Menschen, der sich zum fröhlichen Joggen einen Holzklotz ans Bein bindet? Vergleichbares geschieht, wenn man beim Laufen, Wandern, Spazierengehen oder beim täglichen Joggen ständig irgendein Objekt in der Hand hält – etwa Wasserflasche oder Handy. Diese Objekte haben allesamt eine mehr oder weniger schwächende Wirkung. Persönliche Erfahrung sagt mehr als tausend Bücher. Laufen Sie einfach einmal einige Zeit »mit« und einige Zeit »ohne« und fühlen Sie den Unterschied.

Sonntag 21 MÄRZ

Einfach zum Nachdenken

Durch Heftigkeit ersetzt der Irrende,
was ihm an Wahrheit und an Kräften fehlt.

Johann Wolfgang von Goethe

Zwillinge
zunehmender Mond

Element:
Luft
Tagesqualität:
Licht
Nahrungsqualität:
Fett
Pflanzenteil:
Blüte
Körperzone:
Schultern, Arme, Hände
Organsystem:
Drüsensystem

Montag

22

MÄRZ

Element:
Wasser
Tagesqualität:
Feuchte
Nahrungsqualität:
Kohlenhydrate
Pflanzenteil:
Blatt
Körperzone:
Brustbereich, Lunge
Organsystem:
Nervensystem

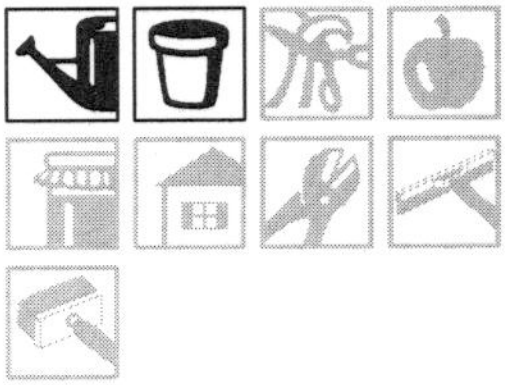

Krebs
zunehmender Mond

Moon Power für Garten, Feld und Wald. Wenn Sie das Wochenende mit Vorarbeiten im Garten verbringen wollen, dann denken Sie daran, dass alles, was heute gesät oder gesetzt wird, gerne wuchert und in die Breite wächst. Wenn Sie beispielsweise dichte Hecken gegenüber Metall- oder Holzzäunen bevorzugen, dann ist heute ein guter Tag für das Anlegen. Für vielerlei nützliches Kleingetier sind solche Hecken oftmals die einzige Möglichkeit, eine Heimat zu finden. Blühende Hecken vertragen die Frostnächte nicht, die uns zwangsläufig im März/April noch heimsuchen werden, aber robusten Heckenarten macht die Kälte nichts aus.

Dienstag

23

MÄRZ

Gesund bleiben, gesund werden. Neben kalten Füßen und kalten Nieren wird kaum ein Krankheitsauslöser so sehr unterschätzt wie eine Auskühlung der Brustregion. Das Unterschätzen ist so verbreitet und geht so weit, dass viele Kleidungsstücke genau diese Körperzone unbedeckt lassen. Westen mit V-Ausschnitt, Jacketts usw., was auch immer die Brustregion frei lässt – das sind Einladungen an die Erkältungsviren. Sogar Kinderärzte lassen Säuglinge bei Routinebesuchen minutenlang unbekleidet liegen, bevor sie sich zur Untersuchung bequemen. Achten Sie stets auf eine gute Durchwärmung, besonders aber an den Krebstagen!

Krebs
zunehmender Mond

Element:
Wasser
Tagesqualität:
Feuchte
Nahrungsqualität:
Kohlenhydrate
Pflanzenteil:
Blatt
Körperzone:
Brustbereich, Lunge
Organsystem:
Nervensystem

Mittwoch

24

MÄRZ

Element:
Feuer
Tagesqualität:
Wärme
Nahrungsqualität:
Eiweiß, Frucht
Pflanzenteil:
Frucht
Körperzone:
Herzregion, Kreislauf
Organsystem:
Sinnesorgane

Löwe
zunehmender Mond

Gesund bleiben, gesund werden. Letzte Nacht haben möglicherweise viele LeserInnen wegen der Krebs-Energie nicht so gut geschlafen. Gerade in der Zeit bis 5 Uhr früh sollte sich aber die Leber gut erholen können. Bei Schlafmangel kämpft man dann oft den ganzen Tag mit einem flauen Gefühl und Müdigkeit. Leider greift man dann oft zu noch mehr Kaffee als sonst und setzt damit einen kleinen Teufelskreis in Gang, weil die Leber gleich noch einmal übersäuert und belastet wird. Viel besser wäre es, heute einen Obsttag einzulegen, um wieder in die Gänge zu kommen.

Donnerstag

25

MÄRZ

Gesund bleiben, gesund werden. Eine Nachdenk-Anekdote zum Thema »Löwe regiert die Herzregion«: Während einer Studie in den 70er Jahren ernährte man Kaninchen mit Kraftfutter, um die Entstehung von Herzerkrankungen zu untersuchen. Es gab übereinstimmende Ergebnisse – mit einer Ausnahme: Bei einer bestimmten Gruppe zeigten sich 60 Prozent weniger Krankheitssymptome. Nur durch Zufall entdeckte man schließlich, dass der mit dem Füttern beauftragte Student »seine« Tiere gerne ab und zu einige Minuten lang auf den Arm nahm und sie liebevoll streichelte. Spätere Studien an anderen Tieren bestätigten diesen Zusammenhang.

Element:
Feuer
Tagesqualität:
Wärme
Nahrungsqualität:
Eiweiß, Frucht
Pflanzenteil:
Frucht
Körperzone:
Herzregion, Kreislauf
Organsystem:
Sinnesorgane

Löwe
zunehmender Mond

Freitag

26

MÄRZ

Element:
Feuer
Tagesqualität:
Wärme
Nahrungsqualität:
Eiweiß, Frucht
Pflanzenteil:
Frucht
Körperzone:
Herzregion, Kreislauf
Organsystem:
Sinnesorgane

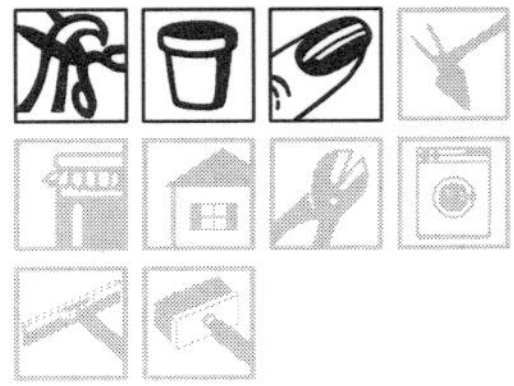

Löwe
zunehmender Mond

Schön sein, schön bleiben Zum Haarschneidetag Löwe einige Grundregeln, wie man Haarausfall vermeiden kann. 1. Massieren Sie die Kopfhaut mit Brennnesseltinktur. 2. Gehen Sie immer bei Löwe zum Haareschneiden. 3. Meiden Sie eine Ernährung, die dem Haarboden Mineralien entzieht. Sich über Jahrzehnte falsch zu ernähren führt zwangsläufig zu Haarausfall. Er ist sehr selten erblich bedingt, denn was »vererbt« wird, sind bestimmte Ernährungsgewohnheiten. Mineralräuber sind alle Milchprodukte, Süßigkeiten, Alkohol, Eiweiß tierischer Herkunft. Auch ein leichtsinniger Umgang mit Medikamenten kann zu Haarausfall führen.

Samstag

27

MÄRZ

Moon Power für Garten, Feld und Wald. Der Mondkalender kann auch einmal zum sinnvollen Nichtstun einladen. Landwirte sollten zum Beispiel eine intensive Stallpflege heute eher ausfallen lassen. Einfach die tägliche Reinigung heute und morgen etwas weniger intensiv machen. Wenn Sie nämlich eine ungünstige Zeit wählen, bleibt der Stall länger nass und feucht. Schimmel kann sich bilden, die Tiere werden anfälliger für Krankheiten. Wenn Sie den richtigen Zeitpunkt einhalten (bei abnehmendem Mond an Krebs, Skorpion oder Fische), bleibt der Stall länger sauber. Bakterien vermehren sich langsamer, und die Tiere sind robuster.

Jungfrau
zunehmender Mond

Element:
Erde
Tagesqualität:
Kälte
Nahrungsqualität:
Salz
Pflanzenteil:
Wurzel
Körperzone:
Verdauungsorgane
Organsystem:
Kreislauf

Element:
Erde
Tagesqualität:
Kälte
Nahrungsqualität:
Salz
Pflanzenteil:
Wurzel
Körperzone:
Verdauungsorgane
Organsystem:
Kreislauf

Sonntag

28

MÄRZ

19.46

Jungfrau
Vollmond

Einfach zum Nachdenken

Die kürzesten Wörter, nämlich »ja« und »nein«,
erfordern das meiste Nachdenken.

Pythagoras von Samos

Montag

29

MÄRZ

Der besondere Tipp. »Fingerarbeit« im Mondrhythmus ist eine gute Hilfe zur Selbsthilfe! An Waagetagen ist Fingerarbeit am Zeigefinger sinnvoll und wirksam. Einfach kurze Zeit halten, bis das Gefühl sagt, es ist genug. Über Energiekreisläufe steht er mit der Blase in Verbindung, sie kann dadurch positiv beeinflusst werden. Gleichzeitig ist der Zeigefinger mit dem Gemütszustand Angst verbunden. Das kurze Halten des Zeigefingers bei angsterregenden Situationen, etwa bei Prüfungen, kann schnell beruhigen und regulierend wirken. Unser Mondgymnastik-Buch *Fit zum richtigen Zeitpunkt* beschreibt die Fingerarbeit ausführlich.

Element:
Luft
Tagesqualität:
Licht
Nahrungsqualität:
Fett
Pflanzenteil:
Blüte
Körperzone:
Hüfte, Nieren, Blase
Organsystem:
Drüsensystem

Waage
abnehmender Mond

Dienstag

30

MÄRZ

Element:
Luft
Tagesqualität:
Licht
Nahrungsqualität:
Fett
Pflanzenteil:
Blüte
Körperzone:
Hüfte, Nieren, Blase
Organsystem:
Drüsensystem

Waage
abnehmender Mond

Gesund bleiben, gesund werden. Gute Nachricht für die Jugend: Auch das Einsetzen und Pflegen von Zahnspangen kann vom guten Timing profitieren. Die Grundregeln auf einen Blick: Anpassen und erstmals Einsetzen günstig bei zunehmendem Mond, dabei Widder und Stier meiden. Bei abnehmendem Mond würde es öfter zu schmerzhaften Druckstellen kommen, was zahlreiche Nervenbahnen in der Mundhöhle negativ beeinflusst. Sensible Kinder fühlen sich dann scheinbar grundlos unter Druck und Stress. Spätere Nachstellarbeiten hingegen günstig: bei abnehmendem Mond, aber wieder mit Ausnahme von Widder und Stier.

Mittwoch

31

MÄRZ

Der besondere Tipp. Viele Zusammenhänge umgeben uns, deren Begründung sich der Wissenschaft entziehen, die aber trotzdem fast unfehlbar funktionieren. Zum Beispiel, dass Petersilie am Mittwochvormittag gesät schön aufgeht, während jeder andere Wochentag weniger gute Ergebnisse bringt? Oder warum immer jeden Karfreitag zwischen 11 und 12 Uhr (12 und 13 Uhr Sommerzeit) gewaschene Haare nicht grau werden? Dass man freitags kein Fleisch essen sollte, ist nicht nur Glaubenssache. Tatsache ist, dass dann immer eine besondere Kraft in der Luft liegt, die Sie nutzen können.

Skorpion
abnehmender Mond

Element:
Wasser
Tagesqualität:
Feuchte
Nahrungsqualität:
Kohlenhydrate
Pflanzenteil:
Blatt
Körperzone:
Geschlechtsorgane
Organsystem:
Nervensystem

Element:
Wasser
Tagesqualität:
Feuchte
Nahrungsqualität:
Kohlenhydrate
Pflanzenteil:
Blatt
Körperzone:
Geschlechtsorgane
Organsystem:
Nervensystem

Donnerstag

1

APRIL
Gründonnerstag

Skorpion
abnehmender Mond

Moon Power für Garten, Feld und Wald. Sie wünschen sich schnelles und kraftvolles Wachstum im Garten? Wenn alles rasch in die Höhe schießen soll, wäre Schütze im abnehmenden Mond immer ein guter Zeitpunkt für den Rückschnitt (also morgen und übermorgen!). An Krebstagen bei abnehmendem Mond wächst alles in die Breite und dicht, an Schütze ist der Impuls stark nach oben gerichtet. Haben Sie schon beobachtet, dass in einem Salatbeet entweder alle Pflanzen schießen oder alle kopfen? Der Zeitpunkt des Säens oder Setzens entscheidet: Salat und auch Kohl sollten nicht an Schütze gepflanzt werden. Generell den zunehmenden Mond meiden, wenn alles schön kopfen soll.

Freitag

2

APRIL
Karfreitag

Einfach zum Nachdenken. Man muss nie verzweifeln, wenn einem etwas verloren geht, ein Mensch oder eine Freude oder ein Glück; es kommt alles noch herrlicher wieder. Was abfallen muss, fällt ab; was zu uns gehört, bleibt bei uns, denn es geht alles nach Gesetzen vor sich, die größer als unsere Einsicht sind und mit denen wir nur scheinbar im Widerspruch stehen. Man muss in sich selbst leben und an das ganze Leben denken, an alle seine Millionen Möglichkeiten, Weiten und Zukünfte, dem gegenüber es nichts Vergangenes und Verlorenes gibt.

Rainer Maria Rilke

Element:
Feuer
Tagesqualität:
Wärme
Nahrungsqualität:
Eiweiß, Frucht
Pflanzenteil:
Frucht
Körperzone:
Oberschenkel, Venen
Organsystem:
Sinnesorgane

Schütze
abnehmender Mond

Samstag

3

APRIL

Element:
Feuer
Tagesqualität:
Wärme
Nahrungsqualität:
Eiweiß, Frucht
Pflanzenteil:
Frucht
Körperzone:
Oberschenkel, Venen
Organsystem:
Sinnesorgane

Schütze
abnehmender Mond

Moon Power für Garten, Feld und Wald. Häufige Frage an uns: Wann beginnt ihr mit Pflanzarbeiten im Gartenjahr? Im Außenbereich nicht vor Mitte Mai, denn ein einziger Frost kann die ganze Arbeit zunichtemachen. Und vor dem Frost ist man auch heutzutage bis in den April hinein nicht geschützt. Was das Klima betrifft: Wir können einiges gegen die Erwärmung tun. Wir müssen Ursachen beseitigen, und das beginnt bei jeder kleinen Kaufentscheidung! Dass es etwa Bio-Lebensmittel gibt, ist dem aufgeklärten Kunden zu verdanken. Sie und wir – wir haben es in der Hand, nicht die Politik, nicht die Großindustrie.

Sonntag

4

4. APRIL
Ostersonntag

Einfach zum Nachdenken. Im Augenblick, da das Wollen ruht und die Betrachtung aufkommt, das reine Sehen und Hingegebensein, wird alles anders. Der Mensch hört auf, nützlich oder gefährlich zu sein, interessant oder langweilig, gütig oder roh, stark oder schwach. Er wird Natur, er wird schön und merkwürdig wie jedes Ding, auf das reine Betrachtung sich richtet. Denn Betrachtung ist ja nicht Forschung oder Kritik, sie ist nichts als Liebe. Sie ist der höchste und wünschenswerteste Zustand unserer Seele: wunschlose Liebe. *Hermann Hesse*

Steinbock
abnehmender Mond

Element:
Erde
Tagesqualität:
Kälte
Nahrungsqualität:
Salz
Pflanzenteil:
Wurzel
Körperzone:
Knie, Knochen, Haut
Organsystem:
Kreislauf

Element:
Erde
Tagesqualität:
Kälte
Nahrungsqualität:
Salz
Pflanzenteil:
Wurzel
Körperzone:
Knie, Knochen, Haut
Organsystem:
Kreislauf

Montag

5

APRIL

Ostermontag

Steinbock
abnehmender Mond

Einfach zum Nachdenken. Nicht dein Rücken tut weh, sondern die Last. Nicht deine Augen schmerzen, sondern die Ungerechtigkeit. Nicht dein Kopf schmerzt, sondern deine Gedanken. Nicht die Kehle schmerzt, sondern das, was du nicht ausdrückst oder mit Wut sagst. Nicht der Magen tut weh, sondern was die Seele nicht verdaut. Nicht die Leber schmerzt, sondern die Wut. Nicht dein Herz tut weh, sondern die Liebe. Und es ist die Liebe selbst, welche die mächtigste Medizin beinhaltet. *Ada Luz Márquez*

Dienstag

6

APRIL

Der besondere Tipp. Sie planen jetzt schon Ihren Urlaub? LeserInnen fragen öfter, ob der Mondkalender auch schönes Wetter zur geplanten Reisezeit vorhersagen kann, beispielsweise für einen Motorradurlaub. Wetterregeln und »Lostage«, die sich auf die Mondphasen berufen, sind heute leider kaum noch erfolgreich anwendbar. Sie besaßen früher fast unfehlbar Gültigkeit, aber stets nur in einem eng begrenzten Gebiet, beispielsweise in einem bestimmten Tal. Da genügte es, Form, Farbe und Geschwindigkeit der Wolken oder das Verhalten der Tiere zu beobachten, um für zwei bis drei Tage im Voraus das Wetter korrekt zu bestimmen.

Element:
Luft
Tagesqualität:
Licht
Nahrungsqualität:
Fett
Pflanzenteil:
Blüte
Körperzone:
Unterschenkel, Venen
Organsystem:
Drüsensystem

Wassermann
abnehmender Mond

Mittwoch

7

APRIL

Element:
Luft
Tagesqualität:
Licht
Nahrungsqualität:
Fett
Pflanzenteil:
Blüte
Körperzone:
Unterschenkel, Venen
Organsystem:
Drüsensystem

Wassermann
abnehmender Mond

Wildkräuter – Kraftwerke der Natur. Heute: Hirtentäschel (Capsella bursa-pastoris).
Das Kräutlein wirkt *blutstillend, kühlend, erfolgreich gegen Durchfall, bei Wechseljahresbeschwerden.* In erster Linie ist Hirtentäschel fürs Blutstillen bekannt, dafür wurde es seit alters her verwendet. Zu starke Monatsblutungen können damit gut unter Kontrolle gebracht werden (allerdings zuerst vom Arzt abklären lassen!). Vorbeugend diesen Tee zu trinken ist KEINE gute Idee, denn manchmal bleibt die Periode dann ganz aus!

Donnerstag

8

APRIL

Gesund bleiben, gesund werden. Wir wiederholen es gerne: Wer den einfachen Rat befolgt, seine Füße immer und überall warm zu halten, hat schon fast alles getan, um Erkältungen zu vermeiden (auch wenn um Sie herum alles niest und schnäuzt!). Es gibt ja eine Vielfalt von Einlagen für die Schuhe, die die Füße stets »wohl temperieren« und nicht überhitzen. Auch eine nur kurzzeitige Abkühlung der Füße ist (besonders an den Fischetagen) Ursache Nr. 1 für Erkältungen und nicht etwa Ansteckung. Kurz danach folgen schon unterkühlter Kopf, Brust, Hals und Nieren. Also bitte draußen immer angemessen »verpackt« sein!

Fische
abnehmender Mond

Element:
Wasser
Tagesqualität:
Feuchte
Nahrungsqualität:
Kohlenhydrate
Pflanzenteil:
Blatt
Körperzone:
Füße, Zehen
Organsystem:
Nervensystem

Element:
Wasser
Tagesqualität:
Feuchte
Nahrungsqualität:
Kohlenhydrate
Pflanzenteil:
Blatt
Körperzone:
Füße, Zehen
Organsystem:
Nervensystem

Freitag

9

APRIL

Gesund bleiben, gesund werden. Ein Anti-Aging-Programm, das seinen Namen verdient, umfasst gesunde Ernährung und angemessene Bewegung. Eine sanfte Gymnastik speziell für die Fischetage: Schlagen Sie im Sitzen oder Liegen das rechte über das linke Bein und kreisen Sie mit dem rechten Fuß. Zuerst sieben Sekunden lang im Uhrzeigersinn, dann sieben Sekunden lang andersherum. Wechseln Sie dann das Bein und den Fuß. Machen Sie diese Übung, solange es Ihnen gefällt. Und vergessen Sie nicht, wenn Sie heute oder morgen zu einer Party eingeladen sind: An Fische wirkt alles, was man aufnimmt, doppelt stark!

Fische
abnehmender Mond

Samstag

10

APRIL

Mondwissen für unsere Neulinge. Heute: Zimmer- und Balkonpflanzen gießen zum richtigen Zeitpunkt. Solche grünbunten Hausgenossen müssen bei weitem nicht so oft gegossen werden, wie Sie es vielleicht gewohnt sind. Machen Sie Ihre Pflanzen langsam mit dem Mondrhythmus vertraut und gießen Sie nur an Krebs, Skorpion und Fische. Dann ziehen Sie kräftige, robuste Pflanzen heran. Um die Umgewöhnung zu erleichtern, können Sie anfangs auch zusätzlich an den Wurzeltagen Stier, Jungfrau und Steinbock gießen. Ausführlich steht's in unserem Buch *Der lebendige Garten*.

Element:
Wasser
Tagesqualität:
Feuchte
Nahrungsqualität:
Kohlenhydrate
Pflanzenteil:
Blatt
Körperzone:
Füße, Zehen
Organsystem:
Nervensystem

Fische
abnehmender Mond

Sonntag

11

APRIL

Element:
Feuer
Tagesqualität:
Wärme
Nahrungsqualität:
Eiweiß, Frucht
Pflanzenteil:
Frucht
Körperzone:
Kopfbereich bis Oberkiefer
Organsystem:
Sinnesorgane

Widder
abnehmender Mond

Einfach zum Nachdenken

Mehrheiten zementieren das Bestehende.
Fortschritt ist nur über Minderheiten möglich.

Jean-Jacques Rousseau

Montag

12

APRIL

Der besondere Tipp. Frühlingsneumonde mit dem gleichzeitigen Wechsel von Fische zu Widder im Mondkalender gehören zu den allerbesten Tagen im Jahr für den Beginn von Vorhaben aller Art! Bei allem, was Sie heute beginnen – von der Geschäftseröffnung bis zum Entschluss, ab sofort jeden Tag zehn Minuten zu joggen –, begleitet Sie eine besondere Kraft, die zum guten Gelingen beiträgt. Damit Ihnen diese Energie dienstbar wird, dürfen Sie allerdings nicht aus einer Laune heraus oder nur »weil Neumond ist« handeln. Ihr eigener fester Entschluss darf nicht fehlen. Ebenso nicht Ihre klare Einsicht, dass nur ein selbstverantwortlich geführtes Leben Freude macht.

03.30

Widder
Neumond

Element:
Feuer
Tagesqualität:
Wärme
Nahrungsqualität:
Eiweiß, Frucht
Pflanzenteil:
Frucht
Körperzone:
Kopfbereich bis Oberkiefer
Organsystem:
Sinnesorgane

Dienstag 13 APRIL

Element:
Erde
Tagesqualität:
Kälte
Nahrungsqualität:
Salz
Pflanzenteil:
Wurzel
Körperzone:
Unterkiefer, Halsregion
Organsystem:
Kreislauf

Stier
zunehmender Mond

Alpha und Omega – die wichtigsten Unterschiede zwischen den Ernährungstypen. Thema heute: Gemüse. Alpha-Typen vertragen Gurken, Karotten, Zwiebeln und Lauch, Omega-Typen Tomaten und Knoblauch. Umgekehrt wirken diese Gemüse unverträglich. Wenn Sie Ihren Ernährungstyp noch nicht kennen, sind Sie mit fast allen anderen Gemüsesorten auf der sicheren Seite. Genauere Informationen zum Thema »persönlicher Ernährungstyp« finden Sie auf unserer Website.

Mittwoch 14 APRIL

Lindern und Heilen mit Wildkräutern. Heute: Gürtelrose. Dieses manchmal hartnäckige Problem konnte schon oft mit *Hauswurz oder einem Sud aus Eichenrinde, Frauenmantel, Hafer, Kamille, Salbei und Steinklee* gelindert und geheilt werden. Sie gehört in die Hände des Arztes, aber die Kräuter können lindern helfen. Diese Krankheit ist auch nervlich bedingt. Ein Umdenken im Alltag sollte man ins Auge fassen. Oft erscheint etwas aussichtslos, aber nur deshalb, weil wir immer wieder die gleiche Vorgehensweise wählen. Andere Ansätze führen oft schnell zu Lösungen, und der ganze Körper fühlt sich umgehend wohl. Unterstützt von den richtigen Kräutern geht es dann oftmals noch schneller.

Element:
Erde
Tagesqualität:
Kälte
Nahrungsqualität:
Salz
Pflanzenteil:
Wurzel
Körperzone:
Unterkiefer, Halsregion
Organsystem:
Kreislauf

Stier
zunehmender Mond

Donnerstag

15

APRIL

Element:
Erde
Tagesqualität:
Kälte
Nahrungsqualität:
Salz
Pflanzenteil:
Wurzel
Körperzone:
Unterkiefer, Halsregion
Organsystem:
Kreislauf

Stier
zunehmender Mond

Wildkräuter – Kraftwerke der Natur. Heute: Kalmus (Acoris calamus). Die Kalmuswurzel ist eine Wasserpflanze, die am Ufer stiller Gewässer vorkommt. Sie ist problemlos in Kräuterhandlungen zu haben oder zu bestellen. Ein sehr gutes Mittel bei verschiedensten *Problemen mit den Verdauungsorganen*, behebt somit indirekt auch manche Probleme und Symptome, die sich aus einer gestörten Verdauung ergeben (Hautprobleme, chronische Müdigkeit etc.). Die Anwendung erfolgt am besten als Tee mit kochendem Wasser, den man mindestens sieben Minuten ziehen lässt. Schmeckt bitter, ist aber sehr wirksam. Auch Frischsaft- und Badezusatz-Anwendungen sind möglich und erfolgreich.

Freitag

16

APRIL

Schön sein, schön bleiben. Sie wollen nach dem langen Winter wieder Frische ins Gesicht bringen? Zwillinge im zunehmenden Mond ist ein guter Tag für eine intensive Gesichtspackung. Sie wirkt besonders wohltuend und zieht gut ein. Zwillinge ist aber nicht umsonst ein »Lichttag«: Spaziergänge, nicht nur bei schönem Wetter, bringen heute schneller Farbe ins Gesicht als an anderen Tagen. Pralle Sonne kann allerdings auch schneller als sonst zum Sonnenbrand führen, wenn Sie sich nicht entsprechend schützen. Das gilt besonders für die Schultern.

Zwillinge
zunehmender Mond

Element:
Luft
Tagesqualität:
Licht
Nahrungsqualität:
Fett
Pflanzenteil:
Blüte
Körperzone:
Schultern, Arme, Hände
Organsystem:
Drüsensystem

Element:
Luft
Tagesqualität:
Licht
Nahrungsqualität:
Fett
Pflanzenteil:
Blüte
Körperzone:
Schultern, Arme, Hände
Organsystem:
Drüsensystem

Samstag

17

APRIL

Der Tagesrhythmus der Organe. Von fünf bis sieben Uhr morgens arbeitet der Dickdarm auf Hochtouren. Etwa zwei Stunden lang hält sich die Nahrung im Dünndarm auf, dagegen etwa 20 Stunden im Dickdarm. Durchfall lässt auf Verdauungsprobleme im Dünndarm schließen, während Verstopfung auf eine zu lange Eindickzeit hindeutet. Gerade zwischen fünf und sieben Uhr morgens könnte man die entgiftende Arbeit des Dickdarms gut unterstützen, wenn man ein Glas lauwarmes Wasser trinkt oder mit getrockneten Früchten nachhilft.

Zwillinge
zunehmender Mond

Sonntag

18

APRIL

Einfach zum Nachdenken

Es ist keine Kunst,
etwas kurz zu sagen,
wenn man etwas zu sagen hat.

Georg Christoph Lichtenberg

Element:
Wasser
Tagesqualität:
Feuchte
Nahrungsqualität:
Kohlenhydrate
Pflanzenteil:
Blatt
Körperzone:
Brustbereich, Lunge
Organsystem:
Nervensystem

Krebs
zunehmender Mond

Montag

19

APRIL

Element:
Wasser
Tagesqualität:
Feuchte
Nahrungsqualität:
Kohlenhydrate
Pflanzenteil:
Blatt
Körperzone:
Brustbereich, Lunge
Organsystem:
Nervensystem

Krebs
zunehmender Mond

Moon Power für Garten, Feld und Wald. Wenn Sie heute und morgen im Garten arbeiten wollen, dann denken Sie daran, dass alles, was bei Krebs gesät oder gesetzt wird, gerne wuchert und in die Breite wächst. Wenn Sie beispielsweise statt Metall- oder Holzzäunen dichte Hecken bevorzugen, dann ist heute ein guter Tag für das Anlegen. Und denken Sie daran: Der richtige Zeitpunkt macht Pestizide und Düngemittel überflüssig.

Dienstag

20

APRIL

Schön sein, schön bleiben. An Krebstagen wird die Lunge besonders beeinflusst. Vielleicht achten Sie auf diesen Zusammenhang: Die Ringfinger sind an diesen Tagen empfindlicher und schwellen manchmal an, die Fingerkuppen sind ebenfalls empfindlicher. Auch die rechte Oberkörperseite weist Sensibilitäten auf, bis hin zum Dickdarm. Durch solche Beobachtungen könnte man schon sehr früh eine beginnende Lungenschwäche erkennen und rechtzeitig entgegenwirken. Wenn Sie an solchen Tagen öfter zwischen 3 und 5 Uhr früh wach werden (zur »Lungenzeit«), ist das ein vergleichbarer Zusammenhang.

Krebs
zunehmender Mond

Element:
Wasser
Tagesqualität:
Feuchte
Nahrungsqualität:
Kohlenhydrate
Pflanzenteil:
Blatt
Körperzone:
Brustbereich, Lunge
Organsystem:
Nervensystem

Element:
Feuer
Tagesqualität:
Wärme
Nahrungsqualität:
Eiweiß, Frucht
Pflanzenteil:
Frucht
Körperzone:
Herzregion, Kreislauf
Organsystem:
Sinnesorgane

Mittwoch 21 APRIL

Löwe
zunehmender Mond

Moon Power für Garten, Feld und Wald. Tomatensamen sollten bei zunehmendem Mond an Löwe- oder Schützetagen in Töpfe gesät werden, wenn möglich jeweils am ersten der zwei oder drei Tage eines Tierkreiszeichens. Sind die Pflänzchen aufgegangen, drehen Sie die Töpfe hin und wieder, damit sie schön gerade wachsen (nicht jedoch an Zwillinge, Waage, Wassermann). Das Pikieren kann entweder bei Jungfrau oder bei zunehmendem Mond an einem Fruchttag erfolgen. Auch hier immer den ersten Tag eines Tierkreiszeichens wählen. Das Auspflanzen sollte ebenfalls an einem Fruchttag erfolgen, jedoch nicht vor den Eisheiligen (Mitte Mai).

Donnerstag 22 APRIL

Schön sein, schön bleiben. Graue Haare sind ja nun wirklich kein »Schönheitsfehler« bei Männern und Frauen. Wenn Sie aber dennoch etwas gegen das »Ergrauen in Ehren« tun wollen, dann gibt es auch hier einen Ernährungstipp: Verringern Sie Ihren Salzkonsum. Die hohen Salzmengen in unserer »normalen« Ernährung gehören zu den Hauptursachen des Ergrauens – natürlich neben den hohen nervlichen Belastungen des heutigen Alltags. Das Salz in Fertiggerichten hat die Aufgabe, die ansonsten geschmacksbefreiten Zutaten zu kaschieren. Weniger Salz, mehr Mineralien, das wäre eine gute Vorbeugung.

Element:
Feuer
Tagesqualität:
Wärme
Nahrungsqualität:
Eiweiß, Frucht
Pflanzenteil:
Frucht
Körperzone:
Herzregion, Kreislauf
Organsystem:
Sinnesorgane

Löwe
zunehmender Mond

Freitag

23

APRIL

Welttag des Buches

Element:
Erde
Tagesqualität:
Kälte
Nahrungsqualität:
Salz
Pflanzenteil:
Wurzel
Körperzone:
Verdauungsorgane
Organsystem:
Kreislauf

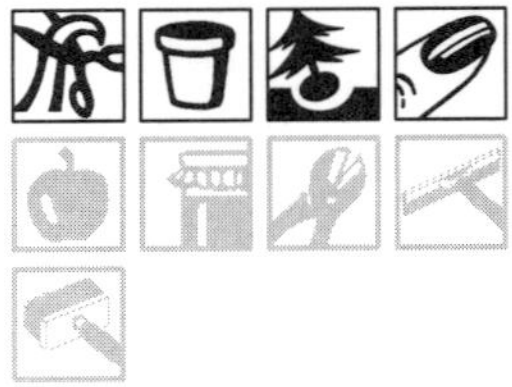

Jungfrau
zunehmender Mond

Gesund bleiben, gesund werden. Damit Sie schnell in Form kommen – eine spezielle Jungfrau-Gymnastik: Legen Sie sich auf den Rücken, ziehen Sie die Beine an. Und jetzt legen Sie den linken Fuß aufs rechte Knie. Die rechte Hand soll den Kopf unterstützen, während Sie jetzt versuchen, die rechte Schulter langsam dem linken Knie anzunähern. Der Ellbogen bleibt hinten, und der Blick geht zum linken Knie. Die Bauchmuskeln führen diese Bewegung aus. Halten Sie die Spannung sieben Sekunden lang und entspannen Sie sich dann sieben Sekunden lang. Wechseln Sie dann und machen Sie jede Seite insgesamt dreimal.

Samstag

24

APRIL

Moon Power für Garten, Feld und Wald. Der Mond kann gerade jetzt im Frühjahr in Garten und Feld Ihr treuer Helfer sein. Ein Tipp: Die Ausdehnung von Zweigen und Wurzelstock einer Pflanze sind genau aufeinander abgestimmt. Werden Wurzeln durch das Umpflanzen verletzt, bekommen das die Zweige zu spüren. Kürzt man nach dem Verpflanzen einige Zweige, ist das Gleichgewicht wiederhergestellt. Wichtig ist dabei, dass das Verpflanzen bei zunehmendem Mond oder Vollmond geschieht, das Zurückschneiden dagegen *nicht* gleichzeitig, sondern erst bei abnehmendem Mond, damit die Zweige nicht unnötig Saft verlieren.

Jungfrau
zunehmender Mond

Element:
Erde
Tagesqualität:
Kälte
Nahrungsqualität:
Salz
Pflanzenteil:
Wurzel
Körperzone:
Verdauungsorgane
Organsystem:
Kreislauf

Element:
Luft
Tagesqualität:
Licht
Nahrungsqualität:
Fett
Pflanzenteil:
Blüte
Körperzone:
Hüfte, Nieren, Blase
Organsystem:
Drüsensystem

Sonntag

25

APRIL

Einfach zum Nachdenken

Bevor man anfängt, seine Feinde zu lieben,
sollte man seine Freunde besser behandeln.

Mark Twain

Waage
zunehmender Mond

Der besondere Tipp. Angesichts der Flut von Informationen, die täglich auf uns einstürmen, werden zwei Fähigkeiten immer wichtiger: Ausschaltknöpfe an Handy und TV weise zu nutzen und dann durch Meditation einen Ruhepunkt zu finden. Meditieren mit Farben zum Beispiel funktioniert wunderbar. Versuchen Sie einmal, sich an Waagetagen die Hüftregion einige Minuten lang in orangefarbenes Licht getaucht vorzustellen. Das hat eine kräftigende und heilende Wirkung auf diesen Körperbereich. Das gilt auch, wenn Sie es bei einem anderen Menschen machen, dem Sie damit heilende Kräfte schicken können.

Montag

26

APRIL

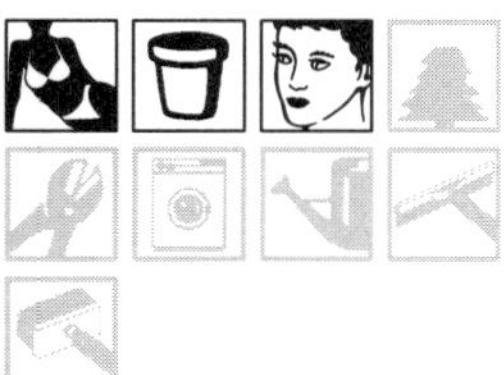

Element:
Luft
Tagesqualität:
Licht
Nahrungsqualität:
Fett
Pflanzenteil:
Blüte
Körperzone:
Hüfte, Nieren, Blase
Organsystem:
Drüsensystem

Waage
zunehmender Mond

Dienstag

27

APRIL

Element:
Wasser
Tagesqualität:
Feuchte
Nahrungsqualität:
Kohlenhydrate
Pflanzenteil:
Blatt
Körperzone:
Geschlechtsorgane
Organsystem:
Nervensystem

04.30

Skorpion
Vollmond

Moon Power für Garten, Feld und Wald. Waldbesitzern und Förstern bereiten Stürme und Schneebruch große Probleme, unter anderem, weil sich der Borkenkäfer stärker ausbreiten könnte. Ein wirksames Mittel dagegen: Man fälle an Skorpiontagen eine einzelne Fichte und lege sie am Waldrand ab. Für alle Borkenkäfer im Wald wirkt der Stamm als unwiderstehliches Lockmittel, sie lassen dafür den Wald in Ruhe. Das bedeutet übrigens gleichzeitig, dass man an Skorpiontagen keine Waldarbeiten durchführen sollte (außer das Fällen der »Lockfichte«)!

Mittwoch

28

APRIL

Gesund bleiben, gesund werden. Der abnehmende Mond bringt ab heute ideale 14 Tage fürs Entschlacken und Entgiften. Gönnen Sie sich deshalb einmal ein »Sieben-Tage-Abenteuer« – eine Erfahrung fürs Leben. Trinken Sie zum Beispiel einmal mindestens eine Woche lang jeden Morgen statt Schwarztee oder Kaffee eine Tasse Thymian-Tee. Ein gehäufter Teelöffel pro Tasse, überbrühen, nur 30 Sekunden ziehen lassen, abseihen und nicht zu hastig trinken. Er entgiftet den Körper von alten Schlacken. Auch wenn sich während der ersten beiden Tage Entzugserscheinungen einstellen – halten Sie durch. Es lohnt sich.

Skorpion
abnehmender Mond

Element:
Wasser
Tagesqualität:
Feuchte
Nahrungsqualität:
Kohlenhydrate
Pflanzenteil:
Blatt
Körperzone:
Geschlechtsorgane
Organsystem:
Nervensystem

Element:
Feuer
Tagesqualität:
Wärme
Nahrungsqualität:
Eiweiß, Frucht
Pflanzenteil:
Frucht
Körperzone:
Oberschenkel, Venen
Organsystem:
Sinnesorgane

Donnerstag

29

APRIL

Gesund bleiben, gesund werden. Alle Fruchttage (Widder, Löwe, Schütze) eignen sich super, um einen Obst- oder Safttag einzulegen, speziell jetzt bei abnehmendem Mond. Zur Erinnerung jedoch: Obstsäfte sind ebenso wie Milch Nahrungsmittel, keine Getränke! Generell sollten Sie tatsächlich ganzes Obst oder Rohkost verwenden. Die Frucht in ihrer Ganzheit ist noch wertvoller als der Saft. Oftmals ist jedoch die Verwendung von Säften einfacher. Bevor Sie auf diese wohltuende Mini-Kur verzichten, sind Säfte sinnvoller. Wer Probleme mit Obst hat, verträgt meist Säfte besser. Und wie immer: Achten Sie auf Bio-Qualität!

Schütze
abnehmender Mond

Der besondere Tipp. Warum machen unsere Kalender keine Angaben zum richtigen Zeitpunkt von Geschäftsabschlüssen, Verhandlungen, Liebe nach dem Mond usw.? Die Antwort ist einfach: Nichts davon wird in irgendeiner Weise vom Mond beeinflusst. Im Laufe der Geschichte ist das Mondwissen immer wieder auch deshalb in Vergessenheit geraten, weil Dummheit und Geschäftsinteresse dagegen gearbeitet haben. Das ist heute nicht anders, deshalb sollte man nicht alles blind nachmachen, sondern hellhörig bleiben, ob eine Information korrekt ist oder nur Verwirrung stiften soll.

Freitag

30

APRIL

Element:
Feuer
Tagesqualität:
Wärme
Nahrungsqualität:
Eiweiß, Frucht
Pflanzenteil:
Frucht
Körperzone:
Oberschenkel, Venen
Organsystem:
Sinnesorgane

Schütze
abnehmender Mond

Samstag

1

MAI

Maifeiertag

Element:
Erde
Tagesqualität:
Kälte
Nahrungsqualität:
Salz
Pflanzenteil:
Wurzel
Körperzone:
Knie, Knochen, Haut
Organsystem:
Kreislauf

Steinbock
abnehmender Mond

Einfach zum Nachdenken

Der Unterschied zwischen dem richtigen Wort
und dem beinahe richtigen ist
derselbe Unterschied
wie zwischen dem Blitz und einem Glühwürmchen.

Mark Twain

Sonntag

2

MAI

Einfach zum Nachdenken

Ein Konservativer ist ein Mensch, der glaubt,
dass nichts zum ersten Mal getan werden sollte.

Alfred E. Wiggam

Steinbock
abnehmender Mond

Element:
Erde
Tagesqualität:
Kälte
Nahrungsqualität:
Salz
Pflanzenteil:
Wurzel
Körperzone:
Knie, Knochen, Haut
Organsystem:
Kreislauf

Element:
Luft
Tagesqualität:
Licht
Nahrungsqualität:
Fett
Pflanzenteil:
Blüte
Körperzone:
Unterschenkel, Venen
Organsystem:
Drüsensystem

Montag

3

MAI

Gesund bleiben, gesund werden. Ist es Ihnen gelungen, an Vollmond letzten Dienstag einen Fastentag einzulegen? Den Erfolg würden Sie harmonisch ergänzen, wenn Sie heute (bzw. generell an Zwillinge, Waage und Wassermann) darauf achten, fettarme Nahrungsmittel zu bevorzugen. Beobachten Sie einmal, ob Sie heute und morgen tierisches Fett (Butter, Ghee – Alpha-Typ) oder pflanzliches Fett (Omega-Typ) besser oder weniger gut als sonst vertragen. Wassermanntage lassen Sie den Unterschied deutlicher wahrnehmen und einfacher Schlüsse für Ihre persönliche Ernährung ziehen.

Wassermann
abnehmender Mond

Aus dem Mondlexikon für Neulinge. E wie Entkalken: Manchmal funktioniert das Entkalken von Kaffeemaschinen, Bügeleisen und dergleichen nicht gut, und man muss die Prozedur wiederholen. Das gilt besonders für schwierige Kalkränder wie etwa in Duschtassen usw. Jeder hat die Erfahrung gemacht, dass es manchmal gut funktioniert, manchmal ist nach kurzer Zeit wieder alles von hartnäckigen Kalkschichten überzogen. Unser Rat: Arbeiten Sie immer bei abnehmendem Mond, nie bei zunehmendem Mond! Dann können Sie getrost auch auf sanfte Mittel (biologische Mittel, Essig, Zitronensäure usw.) zurückgreifen.

Dienstag

4

MAI

Element:
Luft
Tagesqualität:
Licht
Nahrungsqualität:
Fett
Pflanzenteil:
Blüte
Körperzone:
Unterschenkel, Venen
Organsystem:
Drüsensystem

Wassermann
abnehmender Mond

Mittwoch

5

MAI

Element:
Luft
Tagesqualität:
Licht
Nahrungsqualität:
Fett
Pflanzenteil:
Blüte
Körperzone:
Unterschenkel, Venen
Organsystem:
Drüsensystem

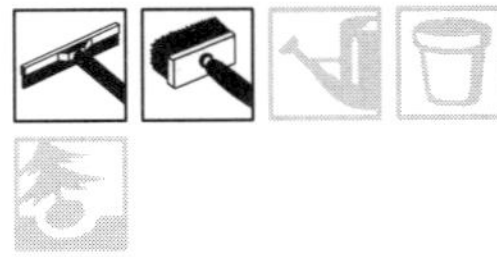

Wassermann
abnehmender Mond

Der besondere Tipp. Unsere Bücher über das »Tiroler Zahlenrad« machen mit der besonderen Kraft der Zahlen des Geburtsdatums vertraut. Aber auch das aktuelle Kalenderdatum wirkt auf uns. Bei zwei Fünfern etwa wie heute fällt es leichter, zu innerer Ruhe zu finden und sinnvoller über langfristige Ziele nachzudenken. Heute könnte man erfolgreich beginnen, was sehr lange dauern wird, bis sich der Erfolg abzeichnet. Wer ohnehin schon eine Fünf und/oder eine Null in seinem Geburtsdatum trägt, könnte allerdings von der speziellen Energie dieses Tages gebremst werden, sich aufzuraffen zu den Pflichten des Alltags.

Donnerstag

6

MAI

Lindern und Heilen mit Wildkräutern. Heute: Prostataprobleme. *Kleinblütiges Weidenröschen* (Epilobium parviflorum) heißt das Pflänzchen, das bei Fuß steht, wenn Probleme mit der Prostata bestehen, etwa zu häufiger nächtlicher Harndrang. Das Weidenröschen ist das »Gegenstück« zum »Frauenkraut« Frauenmantel. Die Anwendung ist einfach, nämlich über sieben bis zehn Minuten lang gezogene Tees. Nach Gefühl etwa einen Teelöffel Kraut pro Tasse mit kochendem Wasser übergießen. Der Tee sollte über längere Zeit getrunken werden. Sehr hilfreich wäre es auch, die tägliche Gehirnwäsche der Männer abzulehnen, nämlich dass Prostataprobleme im höheren Alter »normal« seien.

Fische
abnehmender Mond

Element:
Wasser
Tagesqualität:
Feuchte
Nahrungsqualität:
Kohlenhydrate
Pflanzenteil:
Blatt
Körperzone:
Füße, Zehen
Organsystem:
Nervensystem

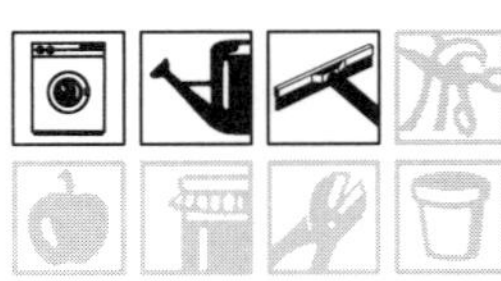

Element:
Wasser
Tagesqualität:
Feuchte
Nahrungsqualität:
Kohlenhydrate
Pflanzenteil:
Blatt
Körperzone:
Füße, Zehen
Organsystem:
Nervensystem

Freitag

7

MAI

Gesund bleiben, gesund werden. Widder morgen – und Wochenende! Das bedeutet Alarmstufe Rot für alle Menschen, die migräneanfällig sind. Oft genügt ein Glas Wein oder eine Tafel Schokolade, um die Migräne auszulösen. Es sind aber nicht nur Schokolade oder Alkohol, auch ein Kopf übervoll mit Erwartungen trägt dazu bei. Kommen ein voller Kopf, Zigaretten, belastende Ernährung etc. zusammen, schwirrt der Kopf nur noch. Obendrein neigen viele dazu, Aufgeschobenes in Garten, Haus oder Wohnung am Wochenende nachzuholen. Das alles zusammen ist ein starker Migräneauslöser. Aber jetzt können Sie vorbeugen!

Fische
abnehmender Mond

Humor ist gute Medizin. »Ich möchte meiner Mama ein Geschenk zum Muttertag kaufen. Haben Sie eine schöne Keksdose?« »Welche Farbe soll sie denn haben?« »Die Farbe ist eigentlich egal. Je leiser man den Deckel auf und zu machen kann, umso besser.«

Samstag

8

MAI

Element:
Feuer
Tagesqualität:
Wärme
Nahrungsqualität:
Eiweiß, Frucht
Pflanzenteil:
Frucht
Körperzone:
Kopfbereich bis Oberkiefer
Organsystem:
Sinnesorgane

Widder
abnehmender Mond

Sonntag

9

MAI

Muttertag

Element:
Feuer
Tagesqualität:
Wärme
Nahrungsqualität:
Eiweiß, Frucht
Pflanzenteil:
Frucht
Körperzone:
Kopfbereich bis Oberkiefer
Organsystem:
Sinnesorgane

Widder
abnehmender Mond

Einfach zum Nachdenken. Jeder Mensch hat das Recht, sich ausschließlich mit Menschen zu umgeben, die ihn lieben und respektieren. Wo keine Liebe und keine Achtung, da sollte man sich in Bewegung setzen, um die Situation zu ändern. Wie diese Bewegung genau aussieht, ist von Mensch zu Mensch verschieden, aber sie hat das Recht, erfolgreich zu sein.
Manchmal ist Neuanfang der Erfolg, manchmal – nachdem man alles versucht hat – ist Trennung der Erfolg.

Ron Fischer

Montag

10

MAI

Gesund bleiben, gesund werden. Weil es so wichtig ist, wiederholen wir es gerne: Marmelade selbst gemacht ist ein Gedicht – nicht zu vergleichen mit dem faden Zuckergebräu der Industrie. Wenn diese Giftbrühen schmecken, dann nur deshalb, weil Chemie und Suchtmittel etwa in Form künstlicher Aromastoffe beigefügt sind. Die Haltbarmacher wären nicht nötig, weil Marmelade nur an wenigen Tagen im Monat anfällig für schnelles Verderben ist. Die übrige Zeit führt zu einem »normal« haltbaren Produkt, und an ein bis zwei Tagen im Monat wird sie besonders gut und hält besonders lange – ohne jede Konservierungsmittel und mit viel weniger Zucker. Heute und morgen sind wieder solche guten Tage.

Widder
abnehmender Mond

Element:
Feuer
Tagesqualität:
Wärme
Nahrungsqualität:
Eiweiß, Frucht
Pflanzenteil:
Frucht
Körperzone:
Kopfbereich bis Oberkiefer
Organsystem:
Sinnesorgane

Element:
Erde
Tagesqualität:
Kälte
Nahrungsqualität:
Salz
Pflanzenteil:
Wurzel
Körperzone:
Unterkiefer, Halsregion
Organsystem:
Kreislauf

Dienstag

11

MAI

Ein spezieller Tipp zum »Bluttag« Stier: Bei kleinen Wunden haben Kinder (aber nicht nur sie!) oft Angst vor dem Brennen, wenn bei der Versorgung alkoholhaltige Tupfer verwendet werden. Das können Sie verhindern, wenn Sie einen alten Trick anwenden: Klopfen Sie mit Zeigefinger und Mittelfinger leicht um die Wunde herum im Uhrzeigersinn auf die Haut, wie ganz zart auf einer kleinen Trommel. Tragen Sie erst dann das Mittel der Wahl auf (Creme, Flüssigkeit, Elixier etc.), ebenfalls leicht klopfend auf der Wunde. Oft brennt die Stelle dann überhaupt nicht.

19.59

Stier
Neumond

Moon Power für Garten, Feld und Wald. Der Anbau von Heil- und Gewürzkräutern profitiert sehr vom »richtigen Zeitpunkt«. Kräuter mit ätherischen Ölen säen Sie erfolgreich bei zunehmendem Mond an Zwillinge oder Waage (also etwa morgen!), Grünkräuter im Freiland am besten bei zunehmendem Mond an Krebs oder Skorpion. Petersilie säen Sie erfolgreich mittwochvormittags, unabhängig von Mondstand und Tierkreiszeichen. Das Gießen sollte bis zur Keimung erfolgen. Feucht halten, nie nass und nicht eiskalt gießen. In Garten und Freiland nur während der ersten paar Tage, danach können Sie vollständig aufhören.

Mittwoch

12

MAI

Element:
Erde
Tagesqualität:
Kälte
Nahrungsqualität:
Salz
Pflanzenteil:
Wurzel
Körperzone:
Unterkiefer, Halsregion
Organsystem:
Kreislauf

Stier
zunehmender Mond

Donnerstag

13

MAI

Christi Himmelfahrt

Element:
Luft
Tagesqualität:
Licht
Nahrungsqualität:
Fett
Pflanzenteil:
Blüte
Körperzone:
Schultern, Arme, Hände
Organsystem:
Drüsensystem

Zwillinge
zunehmender Mond

Einfach zum Nachdenken

Es ist nicht wenig Zeit,
die wir zur Verfügung haben,
sondern es ist viel Zeit,
die wir nicht nutzen.

Lucius Annaeus Seneca

Freitag

14

MAI

Alpha und Omega – die wichtigsten Unterschiede zwischen den Ernährungstypen. Thema heute: Fette und Öle, einer der wichtigsten Unterschiede! Der Alpha-Typ verträgt Butterschmalz (Ghee), Butter, evtl. Schweineschmalz, Buttermilch, Ziegenmilch, Schafmilch oder Kuhmilch direkt vom Bio-Bauernhof. Er sollte niemals mit Olivenöl braten! Omega-Typen vertragen alle Bio-Pflanzenfette und -öle sowie Bio-Margarine, Mayonnaise in Maßen, Bio-Nüsse ohne Bestrahlung. Kaltgepresstes Öl nicht zum Braten verwenden! Umgekehrt wirken diese Fette und Öle unverträglich. Wenn Sie Ihren Ernährungstyp noch nicht kennen, finden Sie genauere Informationen auf unserer Website.

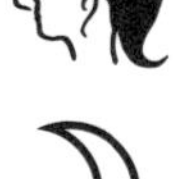

Zwillinge
zunehmender Mond

Element:
Luft
Tagesqualität:
Licht
Nahrungsqualität:
Fett
Pflanzenteil:
Blüte
Körperzone:
Schultern, Arme, Hände
Organsystem:
Drüsensystem

Element:
Luft
Tagesqualität:
Licht
Nahrungsqualität:
Fett
Pflanzenteil:
Blüte
Körperzone:
Schultern, Arme, Hände
Organsystem:
Drüsensystem

Samstag

15

MAI

Zwillinge
zunehmender Mond

Humor ist gute Medizin. Eine wahre Geschichte: Gereizt bezahlt der Autofahrer das Bußgeld fürs Fahren mit Handy in der Hand. Der Polizist gibt ihm die Quittung. »Was soll ich damit?«, fragt der Fahrer. Der Polizist antwortet: »Gut aufheben! Wenn Sie zwölf davon haben, bekommen Sie ein Fahrrad.«

Sonntag

16

MAI

Einfach zum Nachdenken

Der Zufall ist die in Schleier
gehüllte Notwendigkeit.

Marie von Ebner-Eschenbach

Element:
Wasser
Tagesqualität:
Feuchte
Nahrungsqualität:
Kohlenhydrate
Pflanzenteil:
Blatt
Körperzone:
Brustbereich, Lunge
Organsystem:
Nervensystem

Krebs
zunehmender Mond

Montag

17

MAI

Element:
Wasser
Tagesqualität:
Feuchte
Nahrungsqualität:
Kohlenhydrate
Pflanzenteil:
Blatt
Körperzone:
Brustbereich, Lunge
Organsystem:
Nervensystem

Krebs
zunehmender Mond

Moon Power für Garten, Feld und Wald. Sie wollen morgen in den Garten? Der Mond hilft mit! Zunehmender Mond und Löwe wäre beispielsweise eine gute Zeit, um Rasen neu anzusäen oder nachzusäen. Der Rasen wächst kräftiger heran und ist weit widerstandsfähiger. Ein leichtes Eingießen genügt. Streuen Sie den Rasensamen auf den Humus, rechen Sie ihn ein und walzen Sie leicht darüber. Lassen Sie den Boden nicht austrocknen, bis die Gräser aufgehen. Danach nur noch an Krebs, Skorpion oder Fische gießen und niemals tagsüber! Später dann überhaupt nicht mehr gießen. Sie würden nur das Gras verwöhnen bzw. schwächen.

Dienstag

18

MAI

Moon Power für Garten, Feld und Wald. Tomaten im Garten brauchen viel Sonne, um deren Kraft in ihre Früchte einzubauen. An die Erde stellen sie keine Ansprüche, wenn Sie beim Säen, Setzen und Pflanzen auf den richtigen Zeitpunkt achten, nämlich die Fruchttage Widder, Löwe oder Schütze – gleichgültig, ob zu- oder abnehmender Mond herrscht. Beim Auspflanzen ins Freie im Mai zupfen wir gegen jede »Vorschrift« auch die zweiten Blätter von unten ab und graben die Pflänzchen so ein, dass der Ansatz der zweiten Blätter auch nicht mehr sichtbar ist. Das macht die Pflanze robust, stabil, und sie entwickelt mehr Wurzeln.

Löwe
zunehmender Mond

Element:
Feuer
Tagesqualität:
Wärme
Nahrungsqualität:
Eiweiß, Frucht
Pflanzenteil:
Frucht
Körperzone:
Herzregion, Kreislauf
Organsystem:
Sinnesorgane

Element:
Feuer
Tagesqualität:
Wärme
Nahrungsqualität:
Eiweiß, Frucht
Pflanzenteil:
Frucht
Körperzone:
Herzregion, Kreislauf
Organsystem:
Sinnesorgane

Mittwoch

19

MAI

Moon Power für Garten, Feld und Wald. Stachelbeeren können durch das Herunterbiegen von Trieben vermehrt werden. Einfach jetzt im Frühjahr an einem Jungfrautag wie morgen oder übermorgen einen Trieb herunterbiegen und mit U-Haken in der Erde befestigen. Erde drüber und warten, bis er austreibt. Im Herbst trennen Sie dann den gebogenen Trieb ab – und haben einen neuen Strauch. Sie können ihn dort lassen oder an einen anderen Ort verpflanzen. Stachelbeeren sind gut für ein kräftiges Bindegewebe, Sie fühlen sich gestärkt, Ihre Haut wird schöner, die Haare glänzender, der Allgemeinzustand bessert sich von Tag zu Tag.

Löwe
zunehmender Mond

Donnerstag

20

MAI

Gesund bleiben, gesund werden. Spezialtipp für den »Verdauungstag« Jungfrau: Quinoa, Amaranth, Kamut etc. – das sind Getreidesorten, die für viele Menschen willkommene Alternativen zur herkömmlichen Mangelernährung mit poliertem Weizen bieten. Ein Tipp: Wer Quinoa-Pasta Pfiff geben und den Geschmack etwas zudecken möchte, sollte sein Kochwasser nur leicht salzen und einen oder zwei Bio-Gemüsebrühwürfel zugeben. Die Nudeln schmecken dann pikanter, und beim Verzehr mit Pastasauce ist kaum ein Unterschied zu »normalen« Hartweizennudeln zu bemerken. Der Tipp funktioniert bei allen glutenfreien Pastasorten.

Element:
Erde
Tagesqualität:
Kälte
Nahrungsqualität:
Salz
Pflanzenteil:
Wurzel
Körperzone:
Verdauungsorgane
Organsystem:
Kreislauf

Jungfrau
zunehmender Mond

Freitag

21

MAI

Element:
Erde
Tagesqualität:
Kälte
Nahrungsqualität:
Salz
Pflanzenteil:
Wurzel
Körperzone:
Verdauungsorgane
Organsystem:
Kreislauf

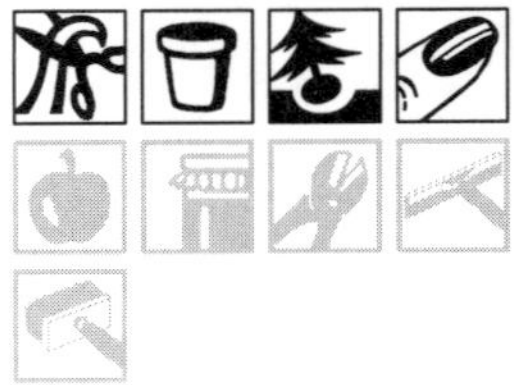

Jungfrau
zunehmender Mond

Schön sein, schön bleiben. Vielleicht gehen Sie heute zum Friseur, wenn Sie es an den vergangenen Löwetagen versäumt haben? Jungfrau ist, wie Sie vielleicht schon aus eigener Erfahrung wissen, ein guter Haarschneidetag für jedermann. Die Haare bleiben gesund, die Frisur behält Form und Schnitt, eine Dauerwelle gelingt. Löwe und Jungfrau sind auch fürs Haarewaschen sehr gute Tage. Wer darauf achtet, kann sich besondere Haarkuren meistens sparen. Nicht vergessen: Der letzte Guss beim Ausspülen sollte kühl sein (idealerweise ergänzt um einen Schuss Essig).

Samstag

22

MAI

Wildkräuter – Kraftwerke der Natur. Heute: Huflattich (Tussilago farfara). Eine geniale Pflanze zur Verwendung nicht nur bei *Heiserkeit*, wie schon besprochen, sondern auch bei *Bronchitis*, *langwierigem Husten*, *generell bei Lungenproblemen.*
Das Kraut kommt in Tees (die Blüten), bei Inhalationen und auch als Frischsaft zum Einsatz. Leistet frisch die besten Dienste, aber auch als Apothekenware zu empfehlen.

Jungfrau
zunehmender Mond

Element:
Erde
Tagesqualität:
Kälte
Nahrungsqualität:
Salz
Pflanzenteil:
Wurzel
Körperzone:
Verdauungsorgane
Organsystem:
Kreislauf

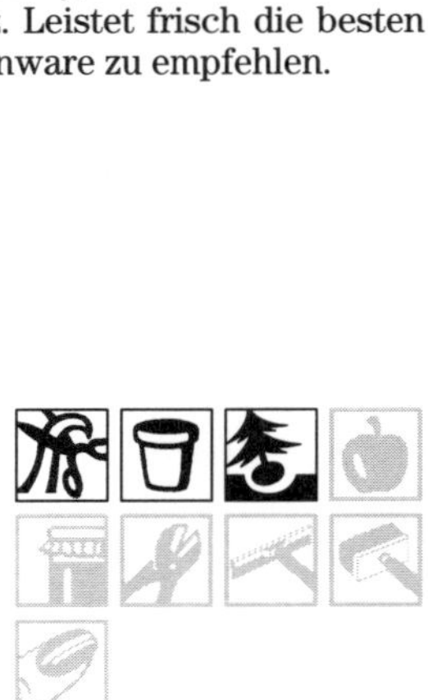

Element:
Luft
Tagesqualität:
Licht
Nahrungsqualität:
Fett
Pflanzenteil:
Blüte
Körperzone:
Hüfte, Nieren, Blase
Organsystem:
Drüsensystem

Sonntag
23
MAI
Pfingstsonntag

Medizin für die Seele. Es gibt eine echte Religiosität, eine echte Liebe zu unserem besten Freund, dem Schöpfer, ein echtes Mitfühlen mit allen Lebewesen, mit der Natur. Es gibt einen echten Schmerz angesichts der Ausbeutung dieses Juwels im Weltall, der Erde, angesichts der Seelenbetäubung allüberall. Ja, es gibt echte Religiosität, die im Kleinen wie im Großen sich müht, Gutes zu fördern und Schlechtes aufzuhalten, ohne auf irgendwelchen Lohn dafür zu schielen. Niemals sollte man sich *diese* Religiosität von Kirchen und Sekten verderben lassen.

Ron Fischer

Waage
zunehmender Mond

Einfach zum Nachdenken. Ich habe mich oft gefragt, ob nicht gerade die Tage, die wir gezwungen sind, müßig zu sein, diejenigen sind, die wir in tiefster Tätigkeit verbringen? Ob nicht unser Handeln selbst, wenn es später kommt, nur der letzte Nachklang einer großen Bewegung ist, die in untätigen Tagen in uns geschieht? Jedenfalls ist es sehr wichtig, mit Vertrauen müßig zu sein, mit Hingabe, womöglich mit Freude. Die Tage, da auch unsere Hände sich nicht rühren, sind so ungewöhnlich still, dass es kaum möglich ist, sie zu erleben, ohne vieles zu hören.

Rainer Maria Rilke

Montag
24
MAI
Pfingstmontag

Element:
Luft
Tagesqualität:
Licht
Nahrungsqualität:
Fett
Pflanzenteil:
Blüte
Körperzone:
Hüfte, Nieren, Blase
Organsystem:
Drüsensystem

Waage
zunehmender Mond

Dienstag

25

MAI

Element:
Wasser
Tagesqualität:
Feuchte
Nahrungsqualität:
Kohlenhydrate
Pflanzenteil:
Blatt
Körperzone:
Geschlechtsorgane
Organsystem:
Nervensystem

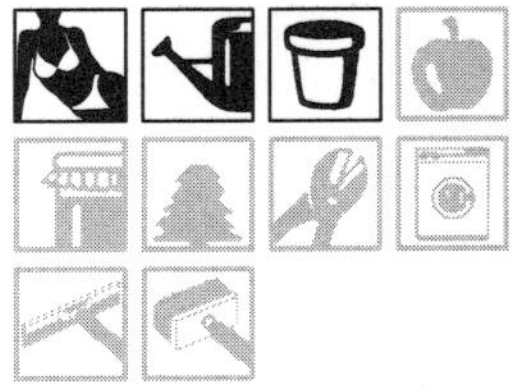

Skorpion
zunehmender Mond

Der besondere Tipp. Es geht nichts über persönliche Erfahrung im Umgang mit den Mondrhythmen. Das macht unbestechlich gegenüber Skeptikern. Ein Beispiel: Es gibt eine sichere Methode, Gartenscheren, Messer und Sensen *sehr* stumpf zu machen – so stumpf, dass sie kaum mehr so scharf geschliffen werden können wie zuvor: Lassen Sie sie vor Vollmond oder am besten direkt an Vollmond draußen liegen (also etwa heute!). Sie wollen es nachprüfen? Lassen Sie eine *neue* Rasierklinge heute Nacht auf dem Fensterbrett liegen. Wenn Sie sich danach damit rasieren, seien Sie sehr vorsichtig!

Mittwoch

26

MAI

Gesund bleiben, gesund werden. Man kann es nicht oft genug anmerken: Schwangere sollten sich an Skorpiontagen noch mehr schonen als sonst. So mancher Frau würde eine Fehlgeburt erspart bleiben, wenn Sie diesen einfachen Tipp früh genug beachten würde. Alte Überlieferungen besagen sogar, dass sich Frauen dieser Gefahr bewusst ausgesetzt haben, wenn sie ungewollt schwanger wurden. Skorpion hat eine starke Wirkung auf die Geschlechtsorgane, im positiven wie im negativen Sinne. Deshalb sollten an Skorpion möglichst Eingriffe am Unterleib vermieden werden, jedenfalls bei verschiebbaren Operationen.

12.14

Skorpion
Vollmond

Element:
Wasser
Tagesqualität:
Feuchte
Nahrungsqualität:
Kohlenhydrate
Pflanzenteil:
Blatt
Körperzone:
Geschlechtsorgane
Organsystem:
Nervensystem

Donnerstag

27

MAI

Element:
Feuer
Tagesqualität:
Wärme
Nahrungsqualität:
Eiweiß, Frucht
Pflanzenteil:
Frucht
Körperzone:
Oberschenkel, Venen
Organsystem:
Sinnesorgane

Gesund bleiben, gesund werden. Sicherlich haben Sie an dieser Stelle schon öfter gelesen, wie wir von den beiden Ernährungstypen Alpha und Omega berichten (schreiben Sie uns, wir informieren kostenlos und ausführlich!). Ob Sie ein Alpha- oder ein Omega-Typ sind, können Sie selbst direkt nachprüfen. Heute und morgen haben Sie Gelegenheit dazu. Beobachten Sie, ob Sie Kernobst (Äpfel, Birnen usw.) oder Steinobst (Aprikosen, Pfirsiche, Kirschen usw.) besser vertragen. Meist reagiert man auf Früchte, die man nicht verträgt, mit einem leichten Sodbrennen bzw. anderen Anzeichen von Unverträglichkeit.

Schütze
abnehmender Mond

Freitag

28

MAI

Schön sein, schön bleiben. Freitags können Sie an dieser Stelle öfter lesen, dass es der beste Tag ist, eine Mani- und Pediküre machen zu lassen. Das hängt nicht mit dem Mond zusammen, ist aber eine alte und gültige Überlieferung. Viele LeserInnen haben es schon voller Skepsis getestet und überrascht festgestellt, dass die Nägel viel stabiler geworden sind. Wie so viele Zusammenhänge in der Natur lässt sich manches wissenschaftlich nicht begründen, aber doch durch Erfahrung beweisen. Probieren Sie es einmal einige Wochen lang aus. Außer ein wenig Geduld kostet es nichts, wie bei allen Regeln zum richtigen Zeitpunkt.

Element:
Feuer
Tagesqualität:
Wärme
Nahrungsqualität:
Eiweiß, Frucht
Pflanzenteil:
Frucht
Körperzone:
Oberschenkel, Venen
Organsystem:
Sinnesorgane

Schütze
abnehmender Mond

Samstag

29

MAI

Element:
Erde
Tagesqualität:
Kälte
Nahrungsqualität:
Salz
Pflanzenteil:
Wurzel
Körperzone:
Knie, Knochen, Haut
Organsystem:
Kreislauf

Steinbock
abnehmender Mond

Schön sein, schön bleiben. Regelmäßig um diese Jahreszeit erreicht uns öfter die Frage: »Wann ist der günstigste Zeitpunkt zum Entfernen lästiger Körperhaare, zum Wachsen von Beinen, Bikinizone etc.?« Hier kann der richtige Mondstand durchaus behilflich sein, nämlich generell der abnehmende Mond. Ideal sind hier die Steinbocktage, die nur im ersten Halbjahr im abnehmenden Mond auftauchen (beispielsweise heute und morgen!). Für längere Zeit wachsen die Haare dann nicht mehr so rasch nach. Bitte erwarten Sie aber nicht, dass dann die unerwünschten Haare für alle Zeiten verschwinden (aber es ist schon vorgekommen!).

Sonntag

30

MAI

Einfach zum Nachdenken

Eine goldene Regel:
Die Menschen nicht nach ihren Meinungen beurteilen,
sondern nach dem, was diese Meinungen
aus ihnen machen.

Georg Christoph Lichtenberg

Steinbock
abnehmender Mond

Element:
Erde
Tagesqualität:
Kälte
Nahrungsqualität:
Salz
Pflanzenteil:
Wurzel
Körperzone:
Knie, Knochen, Haut
Organsystem:
Kreislauf

Element:
Luft
Tagesqualität:
Licht
Nahrungsqualität:
Fett
Pflanzenteil:
Blüte
Körperzone:
Unterschenkel, Venen
Organsystem:
Drüsensystem

Montag 31 MAI

Gesund bleiben, gesund werden. Jugendliche Frische ein Leben lang – mit sanfter Gymnastik zum richtigen Zeitpunkt ein erreichbares Ziel. Die Wassermanntage nutzen Sie am besten so: Beugen Sie sich im Stehen nach vorne, halten Sie die Knie gestreckt und lassen Sie den Kopf entspannt zwischen den Armen hängen. Nun erlauben Sie Ihren Fingerspitzen, sich langsam dem Boden zu nähern. Bis die ganze Beinrückseite leicht spannt. Bei dieser Übung ist es besonders wichtig, jeden Leistungsgedanken auf die Seite zu legen. Es kommt *nicht* darauf an, die Zehenspitzen zu erreichen, sondern die Sehnen zu strecken. Dreimal sieben Sekunden lang.

Wassermann
abnehmender Mond

Dienstag 1 JUNI

Der Mond – Ihr guter Freund in Haushalt und Alltag, besonders bei heiklen Reinigungs- und Reparaturarbeiten. Beispiel heute: durchsichtige Acrylflächen. Autoscheinwerfer zum Beispiel bestehen meist aus diesem Kunststoff. Nach einigen Jahren verringert sich die Leuchtweite, sie werden buchstäblich blind. Acryl wieder glasklar zu polieren ist nicht ganz einfach, aber wenn das Ergebnis der Arbeit (ob in Werkstatt oder Heimarbeit) lange vorhalten soll, wählen Sie einen Termin bei abnehmendem Mond, ideal an einem Lichtzeichen (Zwillinge, Waage, Wassermann).

Element:
Luft
Tagesqualität:
Licht
Nahrungsqualität:
Fett
Pflanzenteil:
Blüte
Körperzone:
Unterschenkel, Venen
Organsystem:
Drüsensystem

Wassermann
abnehmender Mond

Mittwoch

2

JUNI

Element:
Wasser
Tagesqualität:
Feuchte
Nahrungsqualität:
Kohlenhydrate
Pflanzenteil:
Blatt
Körperzone:
Füße, Zehen
Organsystem:
Nervensystem

Fische
abnehmender Mond

Gesund bleiben, gesund werden. Feiertage und freie Fenstertage werden oft als Einladung empfunden, sich hektisch in »Freizeitaktivitäten« zu stürzen, von denen man sich dann am nächsten Arbeitstag erholen muss. Hektik kann aber besonders an den Widdertagen ab übermorgen zu Kopfschmerzen und Migräne führen. Heute wäre es deshalb sehr wichtig, alles langsam und überlegt anzugehen und keine vorschnellen, überstürzten Entscheidungen zu fällen. Das Wochenende bringt eine ideale Zeit zum Meditieren und für kalte Umschläge an Kopf und Stirn. Vielleicht hilft es auch, ein wenig in einem guten Buch zu blättern, etwa von Khalil Gibran oder Arno Gruen.

Donnerstag

3

JUNI
Fronleichnam

Einfach zum Nachdenken

Wenn dein Wille bereit ist,
sind die Füße leicht.

Englisches Sprichwort

Fische
abnehmender Mond

Element:
Wasser
Tagesqualität:
Feuchte
Nahrungsqualität:
Kohlenhydrate
Pflanzenteil:
Blatt
Körperzone:
Füße, Zehen
Organsystem:
Nervensystem

Element:
Feuer
Tagesqualität:
Wärme
Nahrungsqualität:
Eiweiß, Frucht
Pflanzenteil:
Frucht
Körperzone:
Kopfbereich bis Oberkiefer
Organsystem:
Sinnesorgane

Freitag 4 JUNI

Widder
abnehmender Mond

Gesund bleiben, gesund werden. Zusammenhänge zwischen Ernährung und Kopfschmerzen würden wichtige Erkenntnisse liefern. Freie Wochenenden oder Feiertage sind aber auch sehr oft Auslöser von Migräne. Meistens macht man das Nachlassen von Stress verantwortlich. Tatsächlich ist es aber die damit verbundene Intensität der Erwartungshaltung – nach dem Motto: »Endlich Zeit für …«, und dann folgt eine lange Liste. Wenn dann noch von überall Signale kommen, wo Sie gebraucht werden, ist die körperliche Reaktion nicht weit, speziell an Widder. Die gute Nachricht: Jetzt sind Sie vorbereitet und können den Druck auflösen. *(Lesen Sie morgen weiter)*

Samstag 5 JUNI

Widder
abnehmender Mond

Gesund bleiben, gesund werden. Ob es am Wochenende, an einem schnellen Wetterwechsel oder an der Situation im Beruf liegt? Wer weiß? Heute ist jedenfalls einer dieser berühmten Kopfwehtage, besonders wenn Sie die vorhergehenden Tage »genutzt« haben, um einiges unerledigt zu lassen, womöglich sogar Dinge, die jetzt am Wochenende getan werden müssen. Trinken Sie heute vorbeugend oder lindernd viel klares Wasser oder einen Schafgarbentee. Versuchen Sie in jedem Fall einen klaren Kopf zu bewahren. Gelassenheit und ein wenig Meditieren, Aussprechen dessen, was einen bedrückt, das ist oftmals bei Kopfschmerzen die beste Medizin.

Element:
Feuer
Tagesqualität:
Wärme
Nahrungsqualität:
Eiweiß, Frucht
Pflanzenteil:
Frucht
Körperzone:
Kopfbereich bis Oberkiefer
Organsystem:
Sinnesorgane

Sonntag

6

JUNI

Element:
Feuer
Tagesqualität:
Wärme
Nahrungsqualität:
Eiweiß, Frucht
Pflanzenteil:
Frucht
Körperzone:
Kopfbereich bis Oberkiefer
Organsystem:
Sinnesorgane

Widder
abnehmender Mond

Einfach zum Nachdenken

Unsere Theologen wollen mit Gewalt
aus der Bibel ein Buch machen,
worin kein Menschenverstand ist.

Georg Christoph Lichtenberg

Montag

7

JUNI

Gesund bleiben, gesund werden. Nachtrag zu den Tipps von Freitag und Samstag: Es gibt Hunderttausende Ernährungstipps, Ratgeber, Diäten, Kochbücher – und trotzdem wissen wir offenbar noch immer nicht, was uns guttut. Fast alle Medien empfinden den Zwang, ständig das Rad neu erfinden zu müssen. Wann haben wir endlich den Mut, uns zu fragen, was wir fühlen? Müdigkeit nach dem Essen akzeptieren wir, ohne zu klagen, dabei ist sie ein sicheres Zeichen, dass wir etwas nicht vertragen haben. Vertrauen Sie Ihrem Gefühl, und Sie werden sehen, wie einfach die Lösung wäre. Schreiben Sie uns, wenn Sie mehr dazu erfahren wollen.

Stier
abnehmender Mond

Element:
Erde
Tagesqualität:
Kälte
Nahrungsqualität:
Salz
Pflanzenteil:
Wurzel
Körperzone:
Unterkiefer, Halsregion
Organsystem:
Kreislauf

Element:
Erde
Tagesqualität:
Kälte
Nahrungsqualität:
Salz
Pflanzenteil:
Wurzel
Körperzone:
Unterkiefer, Halsregion
Organsystem:
Kreislauf

Dienstag

8

JUNI

Stier
abnehmender Mond

Wildkräuter – Kraftwerke der Natur. Heute: Johanniskraut (Hypericum perforatum). Dieses Kraftpaket sollte bei *leichten Verbrennungen* zum Einsatz kommen – wie auch bei *Ohrenschmerzen* (besonders bei Kindern wirksam!), bei *Nervenschmerzen*, *Abschürfungen*, *Insektenstichen* und auch bei *Bettnässen. Ein Stärkungsmittel für Leber*, *Galle und Milz*. Man verwendet es als Tee, als Öl und Tinktur. Das Öl sollte bei zunehmendem Mond hergestellt werden. Als Zeitpunkt fürs Öl-Abfüllen wählen Sie am besten den abnehmenden Mond und einen Blütentag (Zwillinge, Waage, Wassermann). Der Tee sollte besonders im Winter zum Zug kommen, weil er die lichtarme Zeit überbrücken hilft.

Mittwoch

9

JUNI

Die Sprache der Natur. Nichts in der Natur geschieht ohne Sinn. Die Erde ist ein lebendiges Wesen, auf dessen einladendem Rücken wir es uns schön und gemütlich machen dürfen. Das beste Beispiel: Stellen Sie sich vor, eine Familie mit Kindern bezieht ein älteres Einfamilienhaus, das sie gerade erworben hat und das von einem Garten umgeben ist, in dem die Vorbesitzer ein Fleckchen absichtlich verwildern ließen, an dem viele verschiede Kräuter wachsen. Was geschieht nun? Innerhalb von kurzer Zeit verändert sich dort die Zusammensetzung der Pflanzenfamilie. *(Lesen Sie morgen weiter)*

Element:
Luft
Tagesqualität:
Licht
Nahrungsqualität:
Fett
Pflanzenteil:
Blüte
Körperzone:
Schultern, Arme, Hände
Organsystem:
Drüsensystem

Zwillinge
abnehmender Mond

Donnerstag

10

JUNI

Element:
Luft
Tagesqualität:
Licht
Nahrungsqualität:
Fett
Pflanzenteil:
Blüte
Körperzone:
Schultern, Arme, Hände
Organsystem:
Drüsensystem

11.52

Zwillinge
Neumond

(Fortsetzung von gestern) Es siedeln sich genau jene Kräuter an, die die neue Familie für ihr Gesundbleiben und -werden braucht: Löwenzahn, Brennnesseln, Schöllkraut, Gänseblümchen usw. Manchmal auch Taubnesseln und andere eher seltene Kräuter, was auf eine versteckte Krankheit eines Familienmitgliedes hindeuten könnte, die vielleicht noch gar nicht ausgebrochen bzw. spürbar geworden ist. Denken Sie einmal in Ruhe über diese Großzügigkeit der Natur nach. Dürfen wir für Sie übersetzen? »Ich bin für euch da, wo auch immer. Vorausgesetzt, ihr erlaubt es mir.« *(Lesen Sie morgen weiter)*

Freitag

11

JUNI

(Fortsetzung von gestern) So wie im menschlichen Körper nichts »schiefläuft«, was nicht einen Teil seines tatsächlichen Ursprungs auch im Geist und im Gefühlsleben hat, so läuft im Körper der Natur und der Erde nichts schief, was nicht Ausdruck einer Form von Sprache der Natur ist. In den nächsten Monaten werden wir versuchen, einige Worte aus der Sprache der Natur für Sie so zu übersetzen, dass Sie sie verstehen und in Ihrem Alltag umsetzen können. Denn die Natur arbeitet niemals ohne Sinn und Absicht.

Zwillinge
zunehmender Mond

Element:
Luft
Tagesqualität:
Licht
Nahrungsqualität:
Fett
Pflanzenteil:
Blüte
Körperzone:
Schultern, Arme, Hände
Organsystem:
Drüsensystem

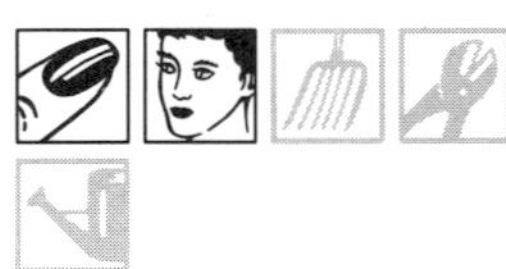

Element:
Wasser
Tagesqualität:
Feuchte
Nahrungsqualität:
Kohlenhydrate
Pflanzenteil:
Blatt
Körperzone:
Brustbereich, Lunge
Organsystem:
Nervensystem

Samstag 12 JUNI

Krebs
zunehmender Mond

Der Tagesrhythmus der Organe. Von 9 Uhr bis 11 Uhr vormittags arbeiten Milz und Bauchspeicheldrüse am wirkungsvollsten. Ein großes Frühstück *nach* neun Uhr morgens wirkt deshalb belastend und ermüdend. Wenn man andererseits in diesen beiden Stunden den »kleinen Hunger« mit etwas Süßem stillt, muss die Bauchspeicheldrüse schwer arbeiten, um den Blutzuckerspiegel zu senken. Das macht müde. Verzichten Sie generell auf alles Süße und stark Zuckerhaltige während dieser zwei Stunden (besonders wenn gleichzeitig der Mond in Jungfrau steht, was heute nicht der Fall ist).

Sonntag 13 JUNI

Einfach zum Nachdenken

Eine Einbildung zu verlieren macht weiser,
als eine Wahrheit zu finden.

Ludwig Börne

Krebs
zunehmender Mond

Element:
Wasser
Tagesqualität:
Feuchte
Nahrungsqualität:
Kohlenhydrate
Pflanzenteil:
Blatt
Körperzone:
Brustbereich, Lunge
Organsystem:
Nervensystem

Montag

14

JUNI

Element:
Feuer
Tagesqualität:
Wärme
Nahrungsqualität:
Eiweiß, Frucht
Pflanzenteil:
Frucht
Körperzone:
Herzregion, Kreislauf
Organsystem:
Sinnesorgane

Löwe
zunehmender Mond

Moon Power für Garten, Feld und Wald. Ein höchst aktuelles Mond-Thema: Ernten zum richtigen Zeitpunkt. Die Erntezeit ist schon in vollem Gange, und vielleicht vermissen Sie an dieser Stelle ein Symbol fürs Ernten. Leider gibt es keine präzisen Regeln fürs Ernten im Rhythmus des Mondes. Symbole würden vielleicht verhindern, dass Sie den Zeitpunkt der Reife erwischen. Eine sinnvolle Regel lautet: Bei größeren Erntemengen, etwa bei einem großen Marillenbaum, wählen Sie dafür einfach Widder oder Löwe. Die Früchte sind dann aromatischer und auch haltbarer.

Dienstag

15

JUNI

Schön sein, schön bleiben. Zum Haarschneidetag Löwe ein Spezialtipp: Was nur wenige wissen – die beim Haarfärben verwendete Chemie hat eine belastende Wirkung auf den ganzen Körper. Deshalb wäre es wichtig, alle Färbemaßnahmen, aber auch eine eventuelle Entfärbung, mit entgiftenden Maßnahmen zu begleiten, etwa Brennnesseltee. Zumindest sollte man viel Wasser trinken, am gleichen Tag und in den Tagen danach.

Löwe
zunehmender Mond

Element:
Feuer
Tagesqualität:
Wärme
Nahrungsqualität:
Eiweiß, Frucht
Pflanzenteil:
Frucht
Körperzone:
Herzregion, Kreislauf
Organsystem:
Sinnesorgane

Mittwoch 16 JUNI

Element:
Feuer
Tagesqualität:
Wärme
Nahrungsqualität:
Eiweiß, Frucht
Pflanzenteil:
Frucht
Körperzone:
Herzregion, Kreislauf
Organsystem:
Sinnesorgane

Löwe
zunehmender Mond

Gesund bleiben, gesund werden. Himbeeren sind ein Gesundheitsgeschenk der Natur, nicht nur heute am »Fruchttag« Löwe. Bei häufigerem Nasen- oder Zahnfleischbluten wirken sie als gute Medizin. Glanz und Fülle schöner Haare sind nicht nur Ergebnis des Schneidens zum richtigen Zeitpunkt (bei Löwe oder Jungfrau), sondern selbstverständlich auch der optimalen Versorgung »von innen«. Hier leistet die Himbeere ganze Arbeit. Größere Mengen sollten immer zur Saison gegessen werden. Wenn Sie Himbeeren als Sauce verwenden wollen, dann bitte nicht kochen! Erwärmen, durch ein Sieb streichen – und alles Gute bleibt erhalten.

Donnerstag 17 JUNI

Der Mond – Ihr guter Freund in Haushalt und Alltag. »Was kann ich – abgesehen von Mückenspray und Fliegengitter – tun, um die allmählich wieder beginnende Mückenplage in Schach zu halten?« – eine öfter gestellte Frage in unserem Posteingang. Zwei wichtige Tipps: Verzichten Sie auf die Farbe Gelb in der Kleidung, diese Farbe lockt alle möglichen Insekten an. Das ist besonders wichtig für Babys, die im Kinderwagen ausgefahren werden! Und: Umgeben Sie Haus oder Wohnung mit Tomatenpflanzen, so gut Sie dafür Platz finden, auch auf dem Balkon. Das ist auch eine gute Idee im Außenbereich von Ställen, auf jeden Fall besser als chemische Mittel.

Element:
Erde
Tagesqualität:
Kälte
Nahrungsqualität:
Salz
Pflanzenteil:
Wurzel
Körperzone:
Verdauungsorgane
Organsystem:
Kreislauf

Jungfrau
zunehmender Mond

Freitag

18

JUNI

Element:
Erde
Tagesqualität:
Kälte
Nahrungsqualität:
Salz
Pflanzenteil:
Wurzel
Körperzone:
Verdauungsorgane
Organsystem:
Kreislauf

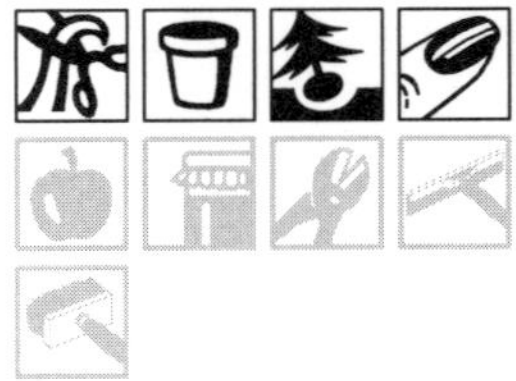

Jungfrau
zunehmender Mond

Schön sein, schön bleiben. Viele Frauen haben Probleme mit Cellulite. Sie laufen, cremen, massieren, treiben Sport, und nichts scheint zu helfen. Leider hat sich noch nicht überall herumgesprochen, dass die Ursache dafür zu 90 Prozent die Ernährung ist. Tierisches Eiweiß in Form von Käse, Milchprodukten aller Art, Eiern, Fisch oder Fleisch kann der Körper nicht in dem Maße verstoffwechseln, wie es ihm zugeführt wird. Dazu kommen noch versteckte Fette aus Fertigprodukten. Auch wenn es nicht einfach ist: Probieren Sie es einmal, eine Woche lang ohne tierisches Eiweiß auszukommen. Die Erfahrung spricht für sich selbst.

Samstag

19

JUNI

Moon Power für Garten, Feld und Wald. Waagetage im zunehmenden Mond: Sie gehören auch zur Phase des sogenannten »absteigenden« Mondes und sind damit ideale Zeitpunkte, um alles, was Sie im Garten noch nicht eingepflanzt haben, zu setzen. Dabei spielt es keine große Rolle, ob es sich um Gemüse, Früchte, Wurzeln oder Kräuter handelt. An Waagetagen im Juni kann alles nachgeholt werden, wozu Sie sonst keine Zeit gefunden haben oder was wetterbedingt verschoben werden musste. Blumen und Sträucher vertragen an Waage sogar einen Ortswechsel, wenn Sie an Jungfrau keine Zeit dafür hatten.

Waage
zunehmender Mond

Element:
Luft
Tagesqualität:
Licht
Nahrungsqualität:
Fett
Pflanzenteil:
Blüte
Körperzone:
Hüfte, Nieren, Blase
Organsystem:
Drüsensystem

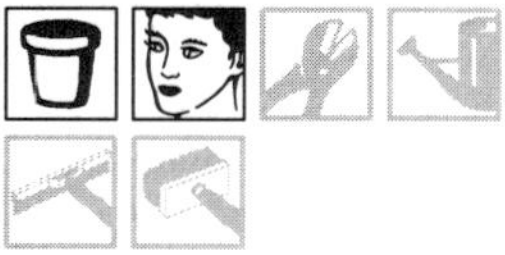

Element:
Luft
Tagesqualität:
Licht
Nahrungsqualität:
Fett
Pflanzenteil:
Blüte
Körperzone:
Hüfte, Nieren, Blase
Organsystem:
Drüsensystem

Sonntag 20 JUNI

Waage
zunehmender Mond

Einfach zum Nachdenken

Etwas richtig zu machen kostet weniger Zeit, als zu erklären, warum man es falsch gemacht hat.

Anonym

Montag 21 JUNI

Gesund bleiben, gesund werden. Skorpion regiert die Geschlechtsorgane, deshalb heute ein spezieller Tipp: Für Herz und Kreislauf ist Selen lebensnotwendig. Sehschärfe und Zeugungskraft lassen stark nach, wenn Selen fehlt. Brillen und Potenzprobleme sind heute schon so selbstverständlich geworden, dass man kaum noch über diese Mangelerscheinung als Ursache nachdenkt. Die gute Nachricht: Die Probleme wären gelöst, gäbe es auf dem Markt nur noch Bio-Karotten. Sie sind erstklassige Selen-Lieferanten! Steigen Sie also um auf Bio! Selenpräparate allein können den Mangel übrigens nicht vollständig ausgleichen.

Element:
Wasser
Tagesqualität:
Feuchte
Nahrungsqualität:
Kohlenhydrate
Pflanzenteil:
Blatt
Körperzone:
Geschlechtsorgane
Organsystem:
Nervensystem

Skorpion
zunehmender Mond

Dienstag

22

JUNI

Element:
Wasser
Tagesqualität:
Feuchte
Nahrungsqualität:
Kohlenhydrate
Pflanzenteil:
Blatt
Körperzone:
Geschlechtsorgane
Organsystem:
Nervensystem

Skorpion
zunehmender Mond

Gesund bleiben, gesund werden. Wir verbinden mit dem Wort »Genuss« oft nur ein gutes Essen, aber vielleicht lassen Sie sich vom Mondkalender heute wohlwollend bremsen, denn für ein ausgiebiges Mahl ist der heutige Tag nicht so gut geeignet. Der Körper speichert in den Tagen kurz vor Vollmond alles stärker als sonst, an Ihrer Waage können Sie das sehr bald ablesen. Wasserzeichen (Krebs, Skorpion, Fische) bei zunehmendem Mond andererseits können Sie gut nutzen für ein feines Sitzbad mit selbst gesammelten Kräutern. Lassen Sie Ihrer Phantasie freien Lauf!

Mittwoch

23

JUNI

Schön sein, schön bleiben. Will beim Blick in den Spiegel kein zufriedenes Gefühl aufkommen? Man kann es ja kaum glauben, aber dann geht es Ihnen nicht anders als den schönsten Fotomodellen der Welt! Denken Sie einfach daran, dass nicht *Sie selbst* diesen kritischen Blick in den Spiegel werfen, sondern ein kritisches Wesen aus der Vergangenheit, das Ihnen ein Schönheitsideal andressiert hat, dem niemand gerecht werden kann. Haben Sie den Mut, sich anzunehmen, wie Sie sind. Dann macht es echte Freude, heute an Schütze dem Körper mit einer leichten Massage oder Gymnastik für die Oberschenkel etwas Gutes zu tun.

Schütze
zunehmender Mond

Element:
Feuer
Tagesqualität:
Wärme
Nahrungsqualität:
Eiweiß, Frucht
Pflanzenteil:
Frucht
Körperzone:
Oberschenkel, Venen
Organsystem:
Sinnesorgane

Element:
Feuer
Tagesqualität:
Wärme
Nahrungsqualität:
Eiweiß, Frucht
Pflanzenteil:
Frucht
Körperzone:
Oberschenkel, Venen
Organsystem:
Sinnesorgane

Donnerstag

24

JUNI

19.40

Schütze
Vollmond

Schön sein, schön bleiben. Ob der Mond ein Rezept habe, wenn man Zahnverfärbungen entfernen möchte, wurden wir gefragt. Wenn Sie immer bei abnehmendem Mond zur Zahnhygiene gehen, dann können Sie das Neuverfärben stark verlangsamen. Ideal ist dabei das Tierkreiszeichen Steinbock (also etwa morgen!). Allerdings beseitigen Sie mit der Reinigung natürlich nicht die Ursache der Verfärbung. Sie ist höchstwahrscheinlich in einem bestimmten Bestandteil der Ernährung zu suchen, dem man mit ein wenig Detektivarbeit sicher auf die Spur kommt (z. B. Kaffee, Rauchen oder schwarzer Tee sorgen für schnellere Verfärbungen).

Freitag

25

JUNI

Moon Power für Garten, Feld und Wald. Die Freilandarbeit im Garten hat schon mit Macht begonnen, und man möchte möglichst schnell einen schönen Anblick genießen. Da gehört nun einmal das Unkrautjäten dazu. Damit das keine Sisyphus-Arbeit wird und Ihnen die gute Laune verdirbt, macht es Sinn, auf den richtigen Zeitpunkt zu achten. Perfekter Tag dafür ist immer ein Steinbocktag bei abnehmendem Mond. Das Unkraut dabei immer mit der Wurzel entfernen. Bitte verwenden Sie keine chemischen Unkrautvernichtungsmittel. Sie vergiften nur sich selbst und die Erde, auch wenn die Packungsaufschriften Sie beruhigen wollen.

Element:
Erde
Tagesqualität:
Kälte
Nahrungsqualität:
Salz
Pflanzenteil:
Wurzel
Körperzone:
Knie, Knochen, Haut
Organsystem:
Kreislauf

Steinbock
abnehmender Mond

Samstag

26

JUNI

Element:
Erde
Tagesqualität:
Kälte
Nahrungsqualität:
Salz
Pflanzenteil:
Wurzel
Körperzone:
Knie, Knochen, Haut
Organsystem:
Kreislauf

Steinbock
abnehmender Mond

Die Sprache der Natur. Heute: Schädlinge in der Landwirtschaft. Die Natur sagt uns: »Schädlinge? Das sind eher Schützlinge, die ich euch schicke. Und zwar immer dann, wenn die angegriffene Feldfrucht euch schaden und zu Mangelerscheinungen führen würde. Oder wenn ihr mich durch Monokultur schädigt und ich euch langfristig nicht mehr nützen kann. Oder – was meist der Fall ist – beides! Was ihr einen Schädling nennt, das ist fast immer Ausdruck meiner Bemühung, euch und mich im Gleichgewicht und gesund zu halten.«

Sonntag

27

JUNI

Einfach zum Nachdenken

Ich habe die Erfahrung gemacht,
dass Leute ohne Laster auch
sehr wenige Tugenden haben.

Abraham Lincoln

Wassermann
abnehmender Mond

Element:
Luft
Tagesqualität:
Licht
Nahrungsqualität:
Fett
Pflanzenteil:
Blüte
Körperzone:
Unterschenkel, Venen
Organsystem:
Drüsensystem

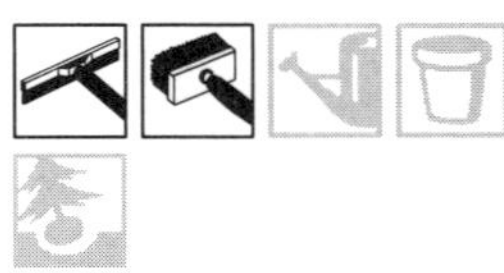

Montag

28

JUNI

Element:
Luft
Tagesqualität:
Licht
Nahrungsqualität:
Fett
Pflanzenteil:
Blüte
Körperzone:
Unterschenkel, Venen
Organsystem:
Drüsensystem

Wassermann
abnehmender Mond

Gesund bleiben, gesund werden. Venenleiden sind heute schon so stark verbreitet, dass sie inzwischen auch bei jüngeren Menschen zu beobachten sind. Mangelnde Bewegung hat einen großen Anteil an dieser Situation. Alles wird »bequemer«, alles muss gleichzeitig und schnell gehen. Deshalb glaubt auch jeder, ein Auto zu brauchen, auch für kurze Strecken. Wassermann ist ein idealer Tag für gute Vorsätze, was die Venengesundheit betrifft, nämlich ab jetzt so viel wie möglich zu Fuß zu gehen, Treppen statt Aufzüge zu benutzen oder aufs Fahrrad zu steigen. Die Venen brauchen Bewegung, um »wach« zu bleiben.

Dienstag

29

JUNI

Wildkräuter – Kraftwerke der Natur. Heute: Löwenzahn (Taraxacum officinale). Das »Unkraut« ist in all seinen Teilen ein kraftvolles Heilkraut. Besonders wirksam bei *Problemen mit Stoffwechsel, Galle und Verdauung, bei Leberbelastung, bei Gicht und Rheuma* und manch anderen Störungen. Drei Stängel täglich essen, und Sie haben Ihre Leber geschützt (aber nicht mehr als drei!). Besorgen Sie sich das Rezept für »Löwenzahnhonig«, eine wunderbare Sache, die das Gute des Löwenzahns auch im Winter für Sie bereithält. Manchmal tut es weh zu beobachten, wie blasse und kränkliche Menschen mit Gift genau jenes Kraut aus ihrem Garten verbannen, das ihre Krankheit heilen würde.

Element:
Wasser
Tagesqualität:
Feuchte
Nahrungsqualität:
Kohlenhydrate
Pflanzenteil:
Blatt
Körperzone:
Füße, Zehen
Organsystem:
Nervensystem

Fische
abnehmender Mond

Mittwoch 30 JUNI

Element:
Wasser
Tagesqualität:
Feuchte
Nahrungsqualität:
Kohlenhydrate
Pflanzenteil:
Blatt
Körperzone:
Füße, Zehen
Organsystem:
Nervensystem

Fische
abnehmender Mond

Moon Power für Garten, Feld und Wald. Gut vorbereitet ist halb getan: Wenn Sie stolz auf Ihren gepflegten Rasen sein möchten und Moos Ihren Augen wehtut, dann wählen Sie den richtigen Zeitpunkt für seine Beseitigung. Der abnehmende Mond und ein Wassertag (Krebs, Skorpion, Fische) ist der ideale Zeitpunkt, also etwa heute und morgen. Die Fische-Energie wird dann helfen, dass das Moos nicht so schnell wiederkommt. Bei sehr starker Vermoosung hilft es, nach dem Ausrechen etwas Erde zu verteilen und darüber Grassamen auszubringen. Dann einfach festtreten und so lange feucht halten, bis die Saat aufgeht.

Donnerstag 1 JULI

Gesund bleiben, gesund werden. »Wenn dir heute die Füße wehtun, ist der Mond schuld.« Wenn Sie diesen Satz heute zufällig zu hören bekommen, mag er verwunderlich klingen, aber er kommt der Wahrheit nahe. Wenn der Mond im Tierkreiszeichen Fische steht, wirkt alles, was die Füße strapaziert, stärker belastend als sonst, auch eine Unterkühlung, etwa durchs Autogebläse! Es müssen also nicht eine Bergwanderung oder langes Stehen die schmerzenden Füße verursacht haben. Falls Sie neue Schuhe kaufen wollen, warten Sie bis morgen, denn Ihre Füße sind jetzt empfindlicher.

Fische
abnehmender Mond

Element:
Wasser
Tagesqualität:
Feuchte
Nahrungsqualität:
Kohlenhydrate
Pflanzenteil:
Blatt
Körperzone:
Füße, Zehen
Organsystem:
Nervensystem

Freitag 2 JULI

Element:
Feuer
Tagesqualität:
Wärme
Nahrungsqualität:
Eiweiß, Frucht
Pflanzenteil:
Frucht
Körperzone:
Kopfbereich bis Oberkiefer
Organsystem:
Sinnesorgane

Der Mond – Ihr guter Freund in Haushalt und Alltag. Ein Spezialtipp: Im Mixer verarbeitete Lebensmittel sollten einige Zeit rasten und nicht sofort auf den Tisch kommen. Das Mixgerät hat eine hektische Energie, die sich auf den Menschen überträgt. Das gilt besonders für Smoothies, die viele ja sofort mit dem Strohhalm konsumieren wollen. Ein wenig Geduld – dann können Ihnen die guten Dinge wirklich dienstbar werden.

Widder
abnehmender Mond

Samstag 3 JULI

Moon Power für Garten, Feld und Wald. Kaum ein Gemüse macht es so deutlich im Geschmack, zu welchem Zeitpunkt es gesetzt oder geerntet worden ist, wie Rote Bete. Jeder, der den Saft schätzt, hat erlebt, wie er einmal fruchtig-süß, ein anderes Mal stark erdig schmeckt. Sie lieben es fruchtig-süß? Dann setzen und ernten Sie bei abnehmendem Mond an Fruchttagen (Widder, Löwe, Schütze). Und machen sich vielleicht den Spaß, aus demselben Beet einige an Wurzeltagen (Stier, Jungfrau, Steinbock) zu ernten und den Unterschied zu erleben. Manche LeserInnen hat das vom Sinn des Achtens auf die Mondrhythmen überzeugt.

Element:
Feuer
Tagesqualität:
Wärme
Nahrungsqualität:
Eiweiß, Frucht
Pflanzenteil:
Frucht
Körperzone:
Kopfbereich bis Oberkiefer
Organsystem:
Sinnesorgane

Widder
abnehmender Mond

Sonntag

4

JULI

Element:
Erde
Tagesqualität:
Kälte
Nahrungsqualität:
Salz
Pflanzenteil:
Wurzel
Körperzone:
Unterkiefer, Halsregion
Organsystem:
Kreislauf

Stier
abnehmender Mond

Einfach zum Nachdenken

Es gibt Leute, die glauben,
alles wäre vernünftig,
was man mit einem ernsthaften Gesicht tut.

Georg Christoph Lichtenberg

Montag

5

JULI

Schön sein, schön bleiben. Reinigungsmasken haben eine besondere Tiefenwirkung, wenn man auf den richtigen Zeitpunkt achtet. Für Gesicht, Hals und Dekolleté wäre das der Stier im abnehmenden Mond, also heute und morgen! Tragen Sie Maske oder Reinigungsmilch auf, lassen Sie sie kurz einwirken und spülen Sie mit warmem Wasser nach. Wenn Sie dabei einen rauen Waschlappen benutzen, wird die Haut noch glatter. Zum Schluss mit kaltem Wasser waschen. Verwenden Sie anschließend nur eine wertvolle Bio-Creme, denn die Haut ist es wert, verwöhnt zu werden, statt durch Chemie oder andere Einflüsse belastet.

Stier
abnehmender Mond

Element:
Erde
Tagesqualität:
Kälte
Nahrungsqualität:
Salz
Pflanzenteil:
Wurzel
Körperzone:
Unterkiefer, Halsregion
Organsystem:
Kreislauf

Dienstag 6 JULI

Element:
Erde
Tagesqualität:
Kälte
Nahrungsqualität:
Salz
Pflanzenteil:
Wurzel
Körperzone:
Unterkiefer, Halsregion
Organsystem:
Kreislauf

Stier
abnehmender Mond

Lindern und Heilen mit Wildkräutern. Heute: Heuschnupfen (Allergie!). Er lässt sich mit *Brennnesseltee, kurz gezogen*, und *Schwedenbitter, verdünnt in Tee*, oftmals lindern oder sogar beseitigen!
Den Brennnesseltee getrocknet oder frisch (nach dem Abmähen um diese Jahreszeit) maximal 90 Sekunden ziehen lassen und gleich trinken. Der Tee sollte weder abgekühlt noch aus der Thermoskanne getrunken werden! Heuschnupfen ist immer eine Warnung des Körpers, das Immunsystem zu stärken. Nicht selten ist er eine Folge von Überarbeitung und Stress.

Mittwoch 7 JULI

Der besondere Tipp. Früher gab es zahlreiche Wetterregeln und »Lostage«, auch in Zusammenhang mit Mondphase und Mondstand im Tierkreis. Die meisten davon sind nicht mehr gültig, teils wegen des Klimawandels, teils weil sie nur in bestimmten Regionen, Tälern etc. anwendbar waren. Gültig ist nach wie vor, dass an Schütze und an Zwillinge wie auch an Neumond und Vollmond das Wetter gerne umschlägt. Eine längere Schlechtwetterperiode kann von Sonnenschein abgelöst werden, aber auch umgekehrt. Wenn Sie also heute und morgen Wetterabhängiges vorhaben, seien Sie gut vorbereitet.

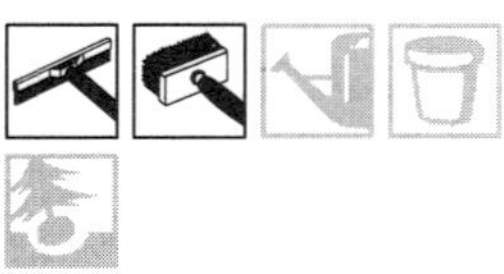

Element:
Luft
Tagesqualität:
Licht
Nahrungsqualität:
Fett
Pflanzenteil:
Blüte
Körperzone:
Schultern, Arme, Hände
Organsystem:
Drüsensystem

Zwillinge
abnehmender Mond

Donnerstag

8

JULI

Element:
Luft
Tagesqualität:
Licht
Nahrungsqualität:
Fett
Pflanzenteil:
Blüte
Körperzone:
Schultern, Arme, Hände
Organsystem:
Drüsensystem

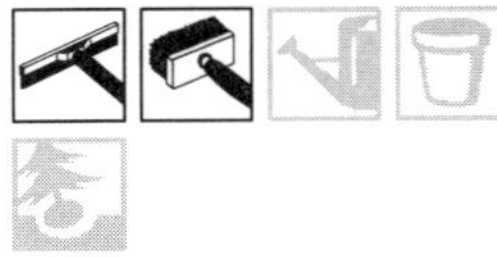

Zwillinge
abnehmender Mond

Der besondere Tipp. »Ich drück dir die Daumen« – dieses wohlwollende Versprechen hat einen speziellen Ursprung. Jemandem tatsächlich den Daumen zu halten hat nämlich den Nebeneffekt, dass es auch Ihnen besser geht. Besonders an Zwillingetagen ist »Fingerarbeit« mit dem Daumen sinnvoll und wirksam. Über Energiekreisläufe steht der Daumen mit Magen und Milz in Verbindung, deren Funktion kann so positiv beeinflusst werden. Gleichzeitig ist er mit einem sorgenvollen Gemütszustand verbunden. Die Arbeit am Daumen hilft verhindern, dass sich das Denken ständig um die eigenen Sorgen dreht.

Freitag

9

JULI

Der besondere Tipp. Morgen wieder Neumond? Morgen wieder Neubeginn! Jeder Neumond-Tag spricht eine Einladung aus: Wer negative Gewohnheiten loswerden möchte – Rauchen, nicht zuhören können, zu viele Süßigkeiten, schlechte Essgewohnheiten –, wer also einen Neubeginn wagen möchte, der sollte sich die besonderen Kräfte des Neumonds zunutze machen. Er verleiht wirklich Flügel und bringt einen klaren Blick. Zusätzliche Hilfe wäre es, sich um Ersatz für die Gewohnheit zu bemühen. Wenn sich dann nämlich das »alte Gefühl« wieder meldet, tut man gut daran, eine Alternative zu haben.

Krebs
abnehmender Mond

Element:
Wasser
Tagesqualität:
Feuchte
Nahrungsqualität:
Kohlenhydrate
Pflanzenteil:
Blatt
Körperzone:
Brustbereich, Lunge
Organsystem:
Nervensystem

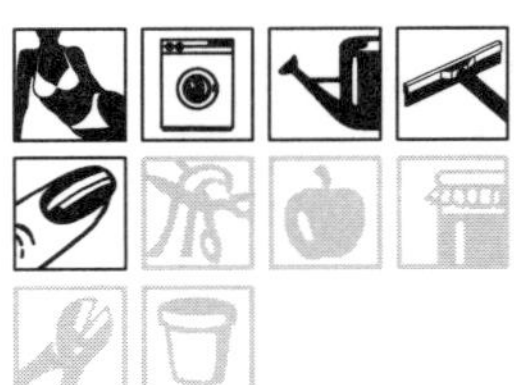

Samstag

10

JULI

Element:
Wasser
Tagesqualität:
Feuchte
Nahrungsqualität:
Kohlenhydrate
Pflanzenteil:
Blatt
Körperzone:
Brustbereich, Lunge
Organsystem:
Nervensystem

Der besondere Tipp. »Stress bedeutet *Nein* denken und *Ja* handeln oder *Ja* denken und *Nein* handeln.« Über diesen Spruch tief nachdenken, vielleicht haben Sie dann den Stress aus Ihrem Leben verbannt.
Meditieren hilft auch: Die Meditationsfarbe des Tierkreiszeichens Krebs ist Grün. Das bedeutet, Sie können sich bei Meditationen die von Krebs regierte Körperzone, die Brustregion, in grünes Licht gehüllt vorstellen und damit kräftigend, harmonisierend und heilend wirken. Das gilt jederzeit, aber die Wirkung ist noch verstärkt, wenn Sie diese Meditation auch direkt an Krebstagen machen.

02.16

Krebs
Neumond

Sonntag

11

JULI

Einfach zum Nachdenken

Ein Tropfen Liebe ist mehr
als ein Ozean Verstand.

Blaise Pascal

Element:
Wasser
Tagesqualität:
Feuchte
Nahrungsqualität:
Kohlenhydrate
Pflanzenteil:
Blatt
Körperzone:
Brustbereich, Lunge
Organsystem:
Nervensystem

Krebs
zunehmender Mond

Montag

12

JULI

Element:
Feuer
Tagesqualität:
Wärme
Nahrungsqualität:
Eiweiß, Frucht
Pflanzenteil:
Frucht
Körperzone:
Herzregion, Kreislauf
Organsystem:
Sinnesorgane

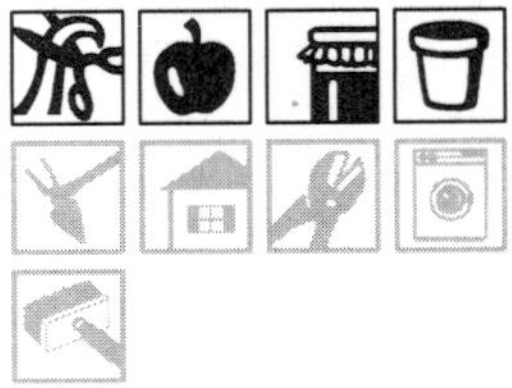

Löwe
zunehmender Mond

Schön sein, schön bleiben. Heute und morgen sind beste Haarschneidetage, wie das Symbol andeutet. Vielleicht wussten Sie noch nicht, dass die Haare auch dann besser und gesünder wachsen, wenn Sie an diesen Tagen nur die Spitzen schneiden lassen oder sich selbst schneiden! Der richtige Zeitpunkt des Schnitts gehört einfach zu den besten und wirksamsten »Haarwuchsmitteln«, die es gibt. Von der Kurzhaar- zur Langhaarfrisur ist mit ihm keine Hexerei. Bei langem Haar eher noch bis Mittwoch warten, ansonsten immer bei Löwe. Das Haar wird nicht nur dichter, sondern auch robuster.

Dienstag

13

JULI

Alpha und Omega – die wichtigsten Unterschiede zwischen den Ernährungstypen. Thema heute: Getränke. Alpha-Typen vertragen Säfte aus Kernobst sowie von Zitrusfrüchten und Grüntee. Alle Getränke für den Alpha-Typ sollten nicht sehr kalt sein. Omega-Typen vertragen Säfte aus Steinfrüchten, kalte Getränke, Kaffee. Umgekehrt wirken diese Getränke unverträglich. Wenn Sie Ihren Ernährungstyp noch nicht kennen, finden Sie genauere Informationen auf unserer Website.

Löwe
zunehmender Mond

Element:
Feuer
Tagesqualität:
Wärme
Nahrungsqualität:
Eiweiß, Frucht
Pflanzenteil:
Frucht
Körperzone:
Herzregion, Kreislauf
Organsystem:
Sinnesorgane

Element:
Erde
Tagesqualität:
Kälte
Nahrungsqualität:
Salz
Pflanzenteil:
Wurzel
Körperzone:
Verdauungsorgane
Organsystem:
Kreislauf

Mittwoch 14 JULI

Jungfrau
zunehmender Mond

Der Tagesrhythmus der Organe. Belasten Sie in der Hochphase der Herztätigkeit von 11 bis 13 Uhr unsere verlässliche Pumpe nicht mit Sattessen bis zum Platzen, sondern essen Sie nur, bis der Hunger gestillt ist. Das Sattheitsgefühl stellt sich ohnehin meist erst fünf Minuten nach dem Essen ein. Erholsame Ruhepausen nach dem Essen sind leider oftmals nicht möglich, doch zumindest eine stressige Einkaufstour könnten Sie auf eine andere Tagesstunde verlegen, denn von 13 Uhr bis 15 Uhr möchte sich das Herz eigentlich etwas erholen.

Donnerstag 15 JULI

Lindern und Heilen mit Wildkräutern. Heute: Mundgeruch. Er kann natürlich verschiedene Ursachen haben. Mandelentzündung oder Zahnprobleme? Dann wirkt *Salbei*, frisch gekaut oder als Tee. Bei Geschwüren im Mund: mit *Labkraut-Tee* gurgeln. Kommt der Mundgeruch vom Magen her? Dann hilft es, *Wacholderbeeren* oder *Dillsamen* zu kauen. Auch gurgeln mit 40 Tropfen *Myrrhentinktur* kann schnell Abhilfe schaffen. Nur wenige wissen, dass Mundgeruch sehr oft Folge einer Mangel- oder Fehlernährung ist. Wenn etwa ein Alpha-Typ Weizenprodukte isst, arbeitet die Mundverdauung so langsam, dass es im Mund zu gären beginnt. Auch die Zahnzwischenräume werden angegriffen.

Element:
Erde
Tagesqualität:
Kälte
Nahrungsqualität:
Salz
Pflanzenteil:
Wurzel
Körperzone:
Verdauungsorgane
Organsystem:
Kreislauf

Jungfrau
zunehmender Mond

Freitag

16

JULI

Element:
Luft
Tagesqualität:
Licht
Nahrungsqualität:
Fett
Pflanzenteil:
Blüte
Körperzone:
Hüfte, Nieren, Blase
Organsystem:
Drüsensystem

Waage
zunehmender Mond

Moon Power für Garten, Feld und Wald. Im Garten nicht zu gießen, diese Empfehlung hören Sie von uns immer wieder, besonders an Lichttagen wie heute. Abgesehen davon, dass es Ungeziefer anlockt: Künstliche Bewässerung ist fast immer gleichbedeutend mit erfolgreicher Schneckenzucht. Regen lockt Schnecken zwar auch, aber sie haben ja eine natürliche Aufgabe in den Kreisläufen der Natur. Schnecken fressen normalerweise nur Verwestes, aber manchmal geht es eben auch den Kulturpflanzen an den Kragen. Probieren Sie es also ruhig mit dem Nichtgießen. Und beobachten Sie, was die Schnecken davon halten.

Samstag

17

JULI

Humor ist gute Medizin. In einem polnischen Dorf bleibt ein Reisender mit seinem Automobil stecken. Alle Mühe, den Wagen selbst zu reparieren, ist vergeblich. Man ruft den Dorfschmied. Dieser öffnet die Motorhaube, blickt hinein, versetzt dem Motor mit einem Hämmerchen einen einzigen Schlag – und er springt an! »Macht 200 Zloty«, erklärt der Mechaniker. Der Reisende: »So teuer?! Wie rechnen Sie das?« Der Klempner schreibt auf: »Gegeben ein Klopf: 10 Zloty; gewusst wo: 190 Zloty; zusammen: 200 Zloty«.

Waage
zunehmender Mond

Element:
Luft
Tagesqualität:
Licht
Nahrungsqualität:
Fett
Pflanzenteil:
Blüte
Körperzone:
Hüfte, Nieren, Blase
Organsystem:
Drüsensystem

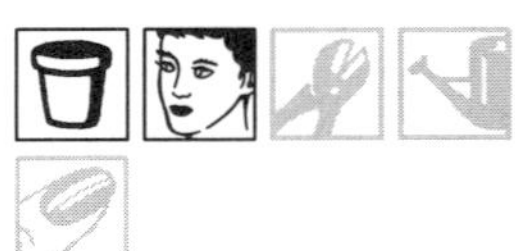

Sonntag 18 JULI

Element:
Wasser
Tagesqualität:
Feuchte
Nahrungsqualität:
Kohlenhydrate
Pflanzenteil:
Blatt
Körperzone:
Geschlechtsorgane
Organsystem:
Nervensystem

Skorpion
zunehmender Mond

Einfach zum Nachdenken

Der Verstand und die Fähigkeit,
ihn zu gebrauchen,
sind zwei verschiedene Gaben.

Franz Grillparzer

Montag 19 JULI

Der Mond – Ihr guter Freund in Haushalt und Alltag. Kinder, die viel in der freien Natur auf dem Land spielen, wissen es: Haselruten eignen sich prima für alle möglichen Basteleien. Merkwürdig ist nur, dass sie manchmal leicht abbrechen, beim nächsten Mal bleiben sie elastisch, und alle möglichen kunstvollen Flechtwerke lassen sich anfertigen. Das Geheimnis liegt im Zeitpunkt des Abschneidens: Bei zunehmendem Mond an einem Wassertag (Krebs, Skorpion, Fische) geschnitten bleiben sie geschmeidig, bei abnehmendem Mond brechen sie. Machen Sie Ihre Kinder darauf aufmerksam – und schon haben Sie sie mit dem Mondkalender vertraut gemacht.

Element:
Wasser
Tagesqualität:
Feuchte
Nahrungsqualität:
Kohlenhydrate
Pflanzenteil:
Blatt
Körperzone:
Geschlechtsorgane
Organsystem:
Nervensystem

Skorpion
zunehmender Mond

Dienstag

20

JULI

Element:
Feuer
Tagesqualität:
Wärme
Nahrungsqualität:
Eiweiß, Frucht
Pflanzenteil:
Frucht
Körperzone:
Oberschenkel, Venen
Organsystem:
Sinnesorgane

Schütze
zunehmender Mond

Gesund bleiben, gesund werden. An Schützetagen ist die Gefahr von Venenschwellungen größer als sonst. Wenn Sie noch im Urlaub weilen (und Ihren treuen Mondkalender lesen können!), verzichten Sie besser auf ausgedehnte Stadtbummel und Museumsbesuche. Die Beine schmerzen bald, weil die Venen empfindlicher sind. Also an Schütze nicht übertreiben und untrainiert keine langen Wanderungen unternehmen. Wer seine Kinderschar ausgerechnet an Schütze erstmals zu einer größeren Bergwanderung mitnimmt, vielleicht sogar dazu zwingt, kann den Kindern die Freude am Laufen für lange Zeit austreiben.

Mittwoch

21

JULI

Die Sprache der Natur. Heute: Unkraut in Garten und Landwirtschaft. Die Natur sagt uns: »Ihr Lieben, was ihr Unkraut nennt, das nenne ich eine Hilfe zum Ausgleich. Eure Wissenschaftler haben es sogar schon herausgefunden: Diese Kräuter enthalten alle wertvollen Stoffe, die ihr durch Monokultur und Fehlzüchtung aus den Feldfrüchten herausgewirtschaftet habt. Außerdem versuche ich, euch die Gentechnik auszutreiben. Das ist ja wirklich kein Vertrauensbeweis in meine Arbeit für euch. Ihr müsst an mir nichts verbessern. Unkräuter sind Beikräuter – mein Weg, ein gesundes Gleichgewicht im Boden zu schaffen. Wenn sie zunehmen, ist es höchste Zeit, die Fruchtfolge zu ändern.«

Schütze
zunehmender Mond

Element:
Feuer
Tagesqualität:
Wärme
Nahrungsqualität:
Eiweiß, Frucht
Pflanzenteil:
Frucht
Körperzone:
Oberschenkel, Venen
Organsystem:
Sinnesorgane

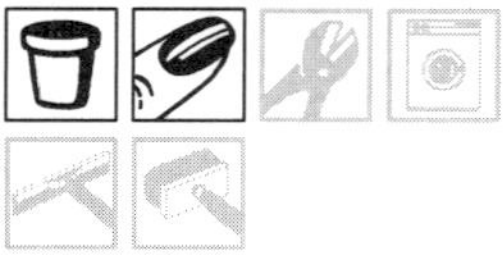

Element:
Erde
Tagesqualität:
Kälte
Nahrungsqualität:
Salz
Pflanzenteil:
Wurzel
Körperzone:
Knie, Knochen, Haut
Organsystem:
Kreislauf

Donnerstag 22 JULI

Steinbock
zunehmender Mond

Gesund bleiben, gesund werden. Wie trocknet man Apfelringe? Die Äpfel waschen, gut trockentupfen, das Kernhaus ausstechen und die Äpfel in Ringe schneiden. Spannen Sie nun einen stabilen Faden und hängen Sie die Ringe auf. Diese Methode hat den Vorteil, dass Sie die Ringe nicht wenden müssen. Ein Gestell zum Spaghetti-Trocknen ist ideal. Dünne Holzstangen sind auch geeignet, es sollte aber unbehandeltes Holz sein. In Scheiben oder flache Viertel geschnittene Äpfel bitte auf einen Rost legen und öfter wenden, damit sie gut trocknen. Die Trockenzeit sollte etwa drei Wochen betragen. Die Ringe dann kurz vor Neumond in Papiertüten oder dunkle Gläser legen.

Freitag 23 JULI

Aus dem Mondlexikon für Neulinge. Was bedeutet eigentlich »Körperzone Knie, Knochen, Haut«? Generell gilt: Was Sie in den zwei bis drei Steinbocktagen für die Haut, Knie und Knochen tun, wirkt doppelt wohltuend, vorbeugend und heilend. Mit Ausnahme von chirurgischen Eingriffen an Haut und Knochen. Alles, was dagegen Haut, Knochen und speziell die Knie in den Steinbocktagen stärker belastet, wirkt schädlicher als an anderen Tagen. Eine Massage der Knie mit Gelenköl ist heute eine Wohltat, ebenso die uralte Technik des Knieschlenkerns, um sie beweglich zu halten.

Element:
Erde
Tagesqualität:
Kälte
Nahrungsqualität:
Salz
Pflanzenteil:
Wurzel
Körperzone:
Knie, Knochen, Haut
Organsystem:
Kreislauf

Steinbock
zunehmender Mond

Samstag

24

JULI

Element:
Erde
Tagesqualität:
Kälte
Nahrungsqualität:
Salz
Pflanzenteil:
Wurzel
Körperzone:
Knie, Knochen, Haut
Organsystem:
Kreislauf

03.36

Steinbock
Vollmond

Der Mond – Ihr guter Freund in Haushalt und Alltag. Machen Sie Ihre eigenen Erfahrungen mit den Mondrhythmen, das vertreibt die Skepsis. Schlagen Sie zum Beispiel einen Holzpflock heute an Vollmond in die Erde, etwa 20 cm tief, und tun Sie dasselbe kurz vor Neumond in zwei Wochen. Achten Sie auf den Unterschied, wenn Sie dann nach etwa drei oder vier Monaten versuchen, die beiden Pflöcke mit der Hand aus dem Boden zu ziehen. Sie werden dann nur noch Lust haben, diese oder ähnliche Arbeiten zum richtigen Zeitpunkt zu tun. Alles, was sich fest verankern und halten soll, gehört in den abnehmenden Mond.

Sonntag

25

JULI

Einfach zum Nachdenken

Zu viel Vertrauen ist häufig eine Dummheit,
zu viel Misstrauen ist immer eine Dummheit.

Johann Nepomuk Nestroy

Wassermann
abnehmender Mond

Element:
Luft
Tagesqualität:
Licht
Nahrungsqualität:
Fett
Pflanzenteil:
Blüte
Körperzone:
Unterschenkel, Venen
Organsystem:
Drüsensystem

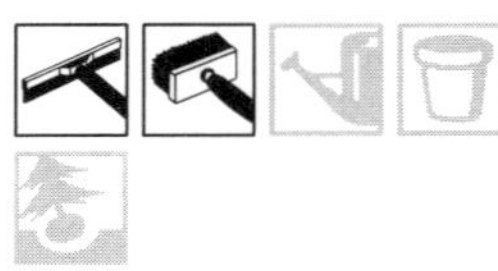

Element:
Luft
Tagesqualität:
Licht
Nahrungsqualität:
Fett
Pflanzenteil:
Blüte
Körperzone:
Unterschenkel, Venen
Organsystem:
Drüsensystem

Montag

26

JULI

Wassermann
abnehmender Mond

Gesund bleiben, gesund werden. Wie immer an Wassermanntagen wie heute: Wenn es Ihnen irgendwie möglich ist, überanstrengen Sie Ihre Beine nicht. »Die haben gut reden«, werden Sie vielleicht sagen, aber bedenken Sie, dass eine Überlastung der Beine auch den Kreislauf beeinträchtigt, und die Venen wollen speziell an Wassermann von Hektik und Überanstrengung nichts wissen. Die meisten von uns haben eine schwere Arbeitswoche vor sich, da wäre es jetzt doppelt wichtig, sich auf Wesentliches zu besinnen und alles Unwichtige zu ignorieren. Wir drücken die Daumen, dass es Ihnen gelingt.

Dienstag

27

JULI

Gesund bleiben, gesund werden. Fische regiert die Füße. Sie tragen zwar meist klaglos unser ganzes Gewicht, dennoch gibt es kaum eine Körperregion, die so sehr vernachlässigt wird. Manchmal schmerzen sie deshalb und nicht selten, wenn gerade Wassermann oder Fische herrscht. Nutzen Sie deshalb den heutigen Fischetag (und in Zukunft auch die Wassermanntage) für Blutreinigungstees und leichte Massagen der Beine und Füße. Helfen Sie Ihrem Körper, sich zu kräftigen und zu entlasten, etwa auch begleitet von leichter Kost. Das gelingt immer am besten, wenn man dabei die vom Tierkreiszeichen regierte Körperregion »umsorgt«.

Element:
Wasser
Tagesqualität:
Feuchte
Nahrungsqualität:
Kohlenhydrate
Pflanzenteil:
Blatt
Körperzone:
Füße, Zehen
Organsystem:
Nervensystem

Fische
abnehmender Mond

Mittwoch

28

JULI

Element:
Wasser
Tagesqualität:
Feuchte
Nahrungsqualität:
Kohlenhydrate
Pflanzenteil:
Blatt
Körperzone:
Füße, Zehen
Organsystem:
Nervensystem

Fische
abnehmender Mond

LeserInnen fragen, der Mond antwortet. »Haben Sie Tipps für meinen englischen Rasen?« stand kürzlich in einer Zuschrift. Generell sollte man Rasenflächen nicht künstlich bewässern. Der sterile »englische Rasen« gehört nach England, wo ihn das Klima begünstigt. Die Verschwendung von wertvollem Trinkwasser können wir uns ohnehin schon bald nicht mehr leisten. In längeren Trockenzeiten gibt es nur eine Ausnahme: Wenn es zu regnen beginnt, die Menge aber zu gering ist. Dann schadet es nicht, etwas »nachzuhelfen«. Kahle »Trockennester« mit dem Gartenschlauch ohne Aufsatz an den Blatttagen Krebs, Skorpion oder Fische gezielt bewässern.

Donnerstag

29

JULI

Gesund bleiben, gesund werden. Was halten Sie davon, heute wieder einen Obsttag einzulegen? Safttage sind auch eine feine Sache an Fruchttagen, aber das Obst in seiner Ganzheit zu genießen ist noch gesünder! Gerade jetzt im abnehmenden Mond ist die Wirkung noch schneller spürbar. Die Entschlackung wird kräftig unterstützt. Zur Erinnerung: Bei der Wahl der Früchte immer auf den Duft achten! Ist er nicht vorhanden, haben Sie es mit leblosem, fürs Auge fitgespritztem Obst zu tun, das für Ihre Gesundheit fast keinen Wert hat. Zur Info: Nicht-Bio-Äpfel werden auch bei uns bis zu 17-mal jährlich mit Pestiziden behandelt.

Widder
abnehmender Mond

Element:
Feuer
Tagesqualität:
Wärme
Nahrungsqualität:
Eiweiß, Frucht
Pflanzenteil:
Frucht
Körperzone:
Kopfbereich bis Oberkiefer
Organsystem:
Sinnesorgane

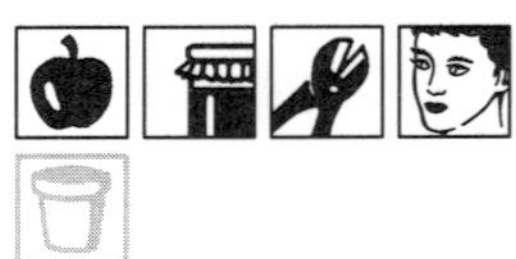

Freitag 30 JULI

Element:
Feuer
Tagesqualität:
Wärme
Nahrungsqualität:
Eiweiß, Frucht
Pflanzenteil:
Frucht
Körperzone:
Kopfbereich bis Oberkiefer
Organsystem:
Sinnesorgane

Widder
abnehmender Mond

Der besondere Tipp. Zur Erinnerung: Auf die einzelnen Tage der Woche üben sich wiederholende Einflüsse aus, die man seit alters her kennt und die vom Mondstand und anderen Naturrhythmen völlig unabhängig sind. Für den Freitag gilt: guter Tag für die Einnahme von homöopathischen Globuli. Verzichten Sie dabei jedoch auf Kamillen- und Pfefferminztee, weil sie die Wirkung bremsen. Ungünstig ist an Freitagen (und Sonntagen) das Kräutersammeln. Die Heilwirkung von Kräutern ist dann weniger ausgeprägt als an anderen Tagen. Freitags kein Fleisch zu essen ist sehr gesund, nicht nur aus religiösen Gründen.

Samstag 31 JULI

Gesund bleiben, gesund werden. Stiertage sollte man nicht versäumen, um den vom Handy-Anstarren gestressten Halsmuskeln etwas Gutes zu tun! Lassen Sie im Stehen oder Sitzen die Schultern entspannt hängen, heben Sie die rechte Hand und drücken Sie sanft gegen die rechte Kopfseite. Ihr Kopf lässt sich das aber nicht gefallen und drückt dagegen. Tun Sie das auch mit der linken Hand auf der linken Kopfseite – jeweils sieben Sekunden lang. Das Ganze dreimal auf jeder Seite. Nur sanften Druck ausüben und während der gesamten Übung die Halswirbelsäule und den Kopf gerade halten!

Stier
abnehmender Mond

Element:
Erde
Tagesqualität:
Kälte
Nahrungsqualität:
Salz
Pflanzenteil:
Wurzel
Körperzone:
Unterkiefer, Halsregion
Organsystem:
Kreislauf

Sonntag

1

AUGUST

Schweizer Nationalfeiertag

Element:
Erde
Tagesqualität:
Kälte
Nahrungsqualität:
Salz
Pflanzenteil:
Wurzel
Körperzone:
Unterkiefer, Halsregion
Organsystem:
Kreislauf

Stier
abnehmender Mond

Einfach zum Nachdenken

Wer sich zu wichtig für kleine Arbeiten hält,
ist meistens zu klein für wichtige Arbeiten.

Jacques Tati

Montag

2

AUGUST

Der Mond in Haushalt und Alltag. Zu unserer Arbeit gehört die Vermittlung des Mondwissens an interessierte LeserInnen. Aber die Beweisführung, um Skeptiker zu überzeugen, ist nicht unsere Sache. Dennoch macht es manchmal Spaß, auf Geschehnisse hinzuweisen, die das Wirken der Mondkräfte deutlich machen. Nehmen wir beispielsweise das Verhalten von Hobelspänen: Bei zunehmendem Mond gehobelt bleiben die Holz-»Locken« so elastisch, dass man damit Kissen füllen kann, die noch jahrelang duften (etwa bei Zirbenholz). Bei abnehmendem Mond dagegen werden sie spröde und pieksen. Auch ihr feines Aroma schwindet schon relativ bald.

Stier
abnehmender Mond

Element:
Erde
Tagesqualität:
Kälte
Nahrungsqualität:
Salz
Pflanzenteil:
Wurzel
Körperzone:
Unterkiefer, Halsregion
Organsystem:
Kreislauf

Element:
Luft
Tagesqualität:
Licht
Nahrungsqualität:
Fett
Pflanzenteil:
Blüte
Körperzone:
Schultern, Arme, Hände
Organsystem:
Drüsensystem

Dienstag

3

AUGUST

Zwillinge
abnehmender Mond

Wildkräuter – Kraftwerke der Natur. Heute: Ringelblume (Calendula officinalis). Dieses kraftvolle Kraut kümmert sich um eine Vielzahl kleiner Probleme:
Hautprobleme, Warzen, Hühneraugen, Verbrennungen, Pilzerkrankungen, eitrige Geschwüre etc. Die Anwendung erfolgt über Teezubereitungen, Sitzbäder, vor allem auch Salben, die in Bio-Läden zu haben oder auch leicht selbst herzustellen sind. Die Ringelblume vermehrt sich gut aus eigener Kraft, man kann die Samen auch sammeln und woanders platzieren. Für die Salbenherstellung brauchen Sie nämlich viele Blütenköpfe. Schwerere Haut- oder Pilzerkrankungen gehören natürlich in ärztliche Hände.

Mittwoch

4

AUGUST

Der Mond – Ihr guter Freund in Haushalt und Alltag. Wenn Sie uns fragen, wir sind grundsätzlich nicht dafür, freilebende Wildtiere in Gehegen zu halten. Stattdessen sollten wir von Anfang an mit der Welt so umgehen, dass genug Lebensraum dort zur Verfügung steht, wo das jeweilige Tier zu Hause ist. Beobachten Sie mit allen Sinnen einen Tiger oder Gorilla im Zoo – und Sie fühlen, warum wir diesen Standpunkt einnehmen. Dennoch können Tiergärten in vielfältiger Weise vom richtigen Zeitpunkt profitieren, beispielsweise bei der Reinigung der Gehege: immer bei abnehmendem Mond. Das würde auch dafür sorgen, dass die Tiere seltener krank werden.

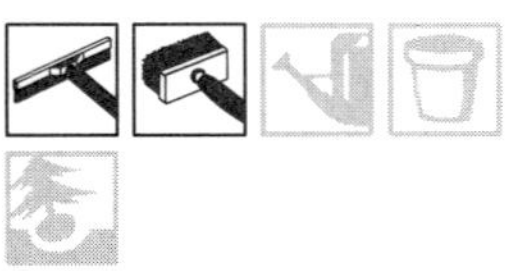

Element:
Luft
Tagesqualität:
Licht
Nahrungsqualität:
Fett
Pflanzenteil:
Blüte
Körperzone:
Schultern, Arme, Hände
Organsystem:
Drüsensystem

Zwillinge
abnehmender Mond

Donnerstag

5

AUGUST

Element:
Wasser
Tagesqualität:
Feuchte
Nahrungsqualität:
Kohlenhydrate
Pflanzenteil:
Blatt
Körperzone:
Brustbereich, Lunge
Organsystem:
Nervensystem

Krebs
abnehmender Mond

Moon Power für Garten, Feld und Wald. Gartengeräte bis hin zum Rasenmäher könnten heute und morgen mit großem Erfolg gereinigt werden. Allerdings: An Wassertagen im abnehmenden Mond gereinigte Dinge sollten nicht im feuchten Zustand sofort wieder verstaut werden (in Schuppen oder Gerätekellern usw.), besonders dann nicht, wenn sie für längere Zeit weggeräumt werden sollen. Also erst abwarten, bis alles gründlich abgetrocknet ist, und dann erst einräumen. Um jeglichen größeren Hausputz so angenehm und leichthändig wie möglich zu gestalten, sollten Sie immer die Kraft der Wassertage im abnehmenden Mond nutzen.

Freitag

6

AUGUST

Tipps und Tricks für den lebendigen Garten. Wenn Zwiebeln schon den Ansatz einer braunen Schale haben und die Stiele ausgereift sind, dann die Stiele an Löwe abknicken (im Juli, aber auch im August, übermorgen!). Dadurch erhält die Zwiebel einen schönen Reifungsschub. Danach möglichst bei Stier oder Widder die Zwiebeln lockern und zum Trocknen liegen lassen. Beim nächsten abnehmenden Mond und Löwe ernten, vielleicht zusammenbinden oder lose in Kistchen legen. Kühl und trocken lagern. Manchmal sieht man sie noch, die schönen Zöpfe. Das Flechten spart Platz.

Krebs
abnehmender Mond

Element:
Wasser
Tagesqualität:
Feuchte
Nahrungsqualität:
Kohlenhydrate
Pflanzenteil:
Blatt
Körperzone:
Brustbereich, Lunge
Organsystem:
Nervensystem

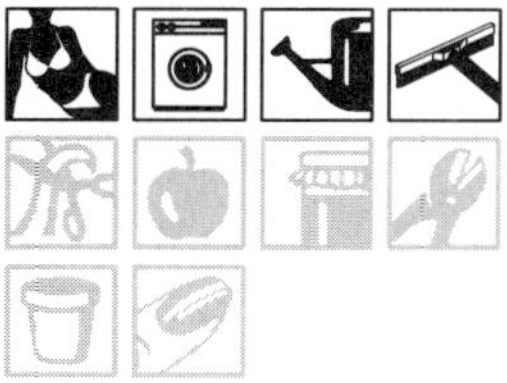

Element:
Wasser
Tagesqualität:
Feuchte
Nahrungsqualität:
Kohlenhydrate
Pflanzenteil:
Blatt
Körperzone:
Brustbereich, Lunge
Organsystem:
Nervensystem

Samstag

7

AUGUST

Krebs
abnehmender Mond

Der besondere Tipp. Neumond? Neubeginn! Wenn Sie etwa nach dem Urlaub Ihre frisch errungene Fitness erhalten und verbessern wollen, treten Sie einem Fitnessklub bei oder legen Sie sich einen persönlichen Plan zur Erhaltung Ihrer Kondition an. Freude an allem Neuen zu gewinnen und zu behalten, das fällt am heutigen Tag leichter, wenn der feste Entschluss dazu gefallen ist. Die Erfahrungen zeigen allerdings auch, dass es Menschen gibt, die »zufällig« den richtigen Zeitpunkt wählen und dadurch mehr Erfolg haben als andere. Im Garten sind das die Menschen mit dem »grünen Daumen«. *(Lesen Sie morgen weiter)*

Sonntag

8

AUGUST

Der besondere Tipp. Üben Sie sich heute einmal in Gelassenheit. Auch das kann ein neuer Vorsatz an Neumond werden. Speziell im Straßenverkehr würde man sich großzügigeres Denken wünschen. Viele Menschen vergessen, dass es immer auch ein Anfänger sein könnte, der da vor einem einen vermeintlichen »Fehler« macht. Lassen Sie Anfängern und älteren Menschen eine Chance, sich auf den Straßen zurechtzufinden. Besonders auf dem Land werden die »gewohnten« Strecken viel zu schnell durchfahren. Also bitte etwas mehr Rücksicht auf allen Seiten, speziell an Löwe!

Element:
Feuer
Tagesqualität:
Wärme
Nahrungsqualität:
Eiweiß, Frucht
Pflanzenteil:
Frucht
Körperzone:
Herzregion, Kreislauf
Organsystem:
Sinnesorgane

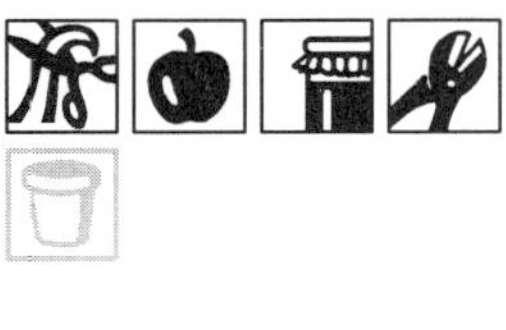

14.49

Löwe
Neumond

Montag

9

AUGUST

Element:
Feuer
Tagesqualität:
Wärme
Nahrungsqualität:
Eiweiß, Frucht
Pflanzenteil:
Frucht
Körperzone:
Herzregion, Kreislauf
Organsystem:
Sinnesorgane

Löwe
zunehmender Mond

Gesund bleiben, gesund werden. Auch wenn ein sommerliches Grillfest morgen dazu einlädt: Verzichten Sie möglichst auf schwere Kost. An Jungfrautagen wirkt alles doppelt belastend, noch dazu jetzt bei zunehmendem Mond. Vielleicht probieren Sie mal einen Trick aus und trinken nichts zum Essen, sondern frühestens eine halbe Stunde danach. Beobachten Sie, ob es Ihnen so nicht gelingt, die Mengen zu reduzieren. Ebenfalls gesund und zu erfolgreichem Gewichtsmanagement geeignet: Nach dem ersten Aufstoßen mit dem Essen aufhören. Und vor allen Dingen: Nach 18 Uhr nichts mehr essen. Funktioniert super, ist aber nicht leicht zu verwirklichen.

Dienstag

10

AUGUST

Moon Power für Garten, Feld und Wald. Juli und August sind eigentlich eher ungeeignet, um ans Umtopfen oder Umsetzen im Garten zu denken. Aber manchmal ist es unumgänglich, etwa wenn der Landschaftsgärtner nur jetzt Zeit hat, wenn Bauarbeiten anstehen etc. Dann sollten Sie unbedingt die frühen Morgen- oder Abendstunden der Jungfrautage heute und morgen dafür vorsehen. Die Chancen, dass alles wieder gut anwächst, sind dann am höchsten.

Jungfrau
zunehmender Mond

Element:
Erde
Tagesqualität:
Kälte
Nahrungsqualität:
Salz
Pflanzenteil:
Wurzel
Körperzone:
Verdauungsorgane
Organsystem:
Kreislauf

Element:
Erde
Tagesqualität:
Kälte
Nahrungsqualität:
Salz
Pflanzenteil:
Wurzel
Körperzone:
Verdauungsorgane
Organsystem:
Kreislauf

Mittwoch 11 AUGUST

Jungfrau
zunehmender Mond

Der Tagesrhythmus der Organe. Warum leisten Halbtagskräfte oftmals so viel wie eine Ganztagskraft? Weil von ein Uhr mittags bis drei Uhr nachmittags der Dünndarm, der bei vielen Verdauungsprozessen die Hauptlast trägt, besonders gut arbeitet und sich vom übrigen Körper eine Pause wünscht. Herztätigkeit und Kreislauf sacken ab, und Müdigkeit stellt sich ein. Vielleicht gelingt es Ihnen, sich (besonders bei Jungfrau) mal eine etwas längere Pause als üblich zu gönnen. Die Siesta der südlichen Länder ist also eine sehr weise Einrichtung.

Donnerstag 12 AUGUST

Gesund bleiben, gesund werden. Die Meditationsfarbe des Tierkreiszeichens Waage ist Orange. Das bedeutet, Sie können sich bei Meditationen die von Waage regierte Körperzone, die Hüftregion, in oranges Licht gehüllt vorstellen und damit kräftigend, harmonisierend und heilend wirken. Das gilt jederzeit, aber die Wirkung ist noch verstärkt, wenn Sie zeitlich nach dem Mondkalender meditieren, also beispielsweise heute. Vielleicht haben Sie zu Hause auch eine orangefarbene Tagesdecke? Oder Sie könnten Ihr Lieblingsbuch in eine orange Buchhülle schlagen. Lassen Sie Ihrer Phantasie freien Lauf!

Element:
Luft
Tagesqualität:
Licht
Nahrungsqualität:
Fett
Pflanzenteil:
Blüte
Körperzone:
Hüfte, Nieren, Blase
Organsystem:
Drüsensystem

Waage
zunehmender Mond

Freitag

13

AUGUST

Element:
Luft
Tagesqualität:
Licht
Nahrungsqualität:
Fett
Pflanzenteil:
Blüte
Körperzone:
Hüfte, Nieren, Blase
Organsystem:
Drüsensystem

Waage
zunehmender Mond

Die Sprache der Natur. Heute: Mückenplage. Wir zitieren Yogananda: »Die Kräfte der Natur wirken zusammen, um dem Menschen zu dienen; Sonne, Erde, Wind und Regen helfen ihm, seine Nahrung hervorzubringen. Der Mensch lenkt die Natur, wenn auch meist unbewusst, Überschwemmungen, Orkane, Erdbeben und andere Naturkatastrophen werden durch unzählige falsche Gedanken der Menschen hervorgerufen. Jede Blume am Wegesrand drückt das Lächeln eines Menschen aus, jede Mücke ist die Verkörperung verletzender Worte. Die Dienerin Natur wird aufsässig und widerspenstig, wenn der Herr der Schöpfung schläft. Je mehr er geistig erwacht, umso leichter kann er sie regieren.«

Samstag

14

AUGUST

Gesund bleiben, gesund werden. Wenn Sie noch im Urlaub weilen und morgen aus dem kühlen Nass eines Hotelpools oder eines natürlichen Gewässers kommen, dann sollten Sie schnell in trockene Sachen steigen (gilt auch übermorgen!). Bei zunehmendem Mond an Wassertagen (Krebs, Skorpion, Fische) reagiert der Körper empfindlicher als sonst, und eine Erkältung ist wahrscheinlicher. An den übrigen Tagen ist es nicht so schlimm. Besonders an Skorpion, wenn die Tagesenergie die Geschlechtsorgane beeinflusst, handelt man sich mit nasser Badekleidung eher eine Blasenentzündung ein.

Waage
zunehmender Mond

Element:
Luft
Tagesqualität:
Licht
Nahrungsqualität:
Fett
Pflanzenteil:
Blüte
Körperzone:
Hüfte, Nieren, Blase
Organsystem:
Drüsensystem

Element:
Wasser
Tagesqualität:
Feuchte
Nahrungsqualität:
Kohlenhydrate
Pflanzenteil:
Blatt
Körperzone:
Geschlechtsorgane
Organsystem:
Nervensystem

Sonntag 15 AUGUST

Mariä Himmelfahrt

Einfach zum Nachdenken

Sonnenschein ist köstlich, Regen erfrischend,
Wind fordert heraus, Schnee macht fröhlich.
Im Grunde gibt es kein schlechtes Wetter,
nur verschiedene Arten von gutem Wetter.

John Ruskin

Skorpion
zunehmender Mond

Gesund bleiben, gesund werden. Skorpiontage bringen immer eine gute Zeit, Schafgarbe zu pflücken und zu trocknen. Schafgarbe hilft im Winter gegen Kopfschmerzen und bei Frauenleiden. Die weißen Blüten sollten mit der Schere geschnitten werden. Zu Hause das Ungeziefer (Käfer usw.) herausschütteln, dann auf Papier trocknen. Natürlich kann die Schafgarbe auch frisch als Tee verwendet werden. Lassen Sie sich von den Warnungen einiger »Mediziner« vor Schafgarbe nicht verunsichern. Diese Leute würden am liebsten alle Heilkräuter verbieten oder zumindest rezeptpflichtig machen, weil es ja ihr Geschäft vermiest.

Montag 16 AUGUST

Element:
Wasser
Tagesqualität:
Feuchte
Nahrungsqualität:
Kohlenhydrate
Pflanzenteil:
Blatt
Körperzone:
Geschlechtsorgane
Organsystem:
Nervensystem

Skorpion
zunehmender Mond

Dienstag

17

AUGUST

Element:
Feuer
Tagesqualität:
Wärme
Nahrungsqualität:
Eiweiß, Frucht
Pflanzenteil:
Frucht
Körperzone:
Oberschenkel, Venen
Organsystem:
Sinnesorgane

Schütze
zunehmender Mond

Gesund bleiben, gesund werden. Die Energie, die an Schützetagen in der Luft liegt, wirkt auf die Sinnesorgane. Sie wissen ja: Was Sie ihnen jetzt Gutes tun, wirkt doppelt gut, Überlastungen dagegen sind nicht ratsam. Für Omega-Typen wäre heute ein Glas Tomatensaft, für Alpha-Typen ein Glas Karottensaft mit einem Tropfen Öl das Ideale, um Positives für die Sehkraft zu tun. Wie wäre es mit einem Gemüse- oder Obsttag? Das wäre heute sehr sinnvoll und würde ebenfalls generell die Sinnesorgane stärken (Steinobst für Omega-Typen, Kernobst für Alpha-Typen). Info über die zwei Ernährungstypen Alpha und Omega senden wir Ihnen gerne kostenlos per E-Mail.

Mittwoch

18

AUGUST

Der besondere Tipp. Sicherlich einer der besten Wege, das Wissen um die segensreichen Einflüsse der Mondrhythmen zu erhalten, ist es, Kindern die unterschiedlichen Kräfte zu demonstrieren. Viele Kinder lieben zum Beispiel in bestimmten Lebensaltern nichts mehr, als Blumen und Blätter zu pressen (dafür gibt es noch keine App!). Aber auch Erwachsene lieben das Sammeln. Steinbock bei zunehmendem Mond wäre dafür ein idealer Zeitpunkt. Man weiß ja aus Kindheitstagen, dass die Blätter manchmal schon nach kurzer Zeit brüchig werden und zerbröseln. Das geschieht, wenn man bei abnehmendem Mond sammelt.

Schütze
zunehmender Mond

Element:
Feuer
Tagesqualität:
Wärme
Nahrungsqualität:
Eiweiß, Frucht
Pflanzenteil:
Frucht
Körperzone:
Oberschenkel, Venen
Organsystem:
Sinnesorgane

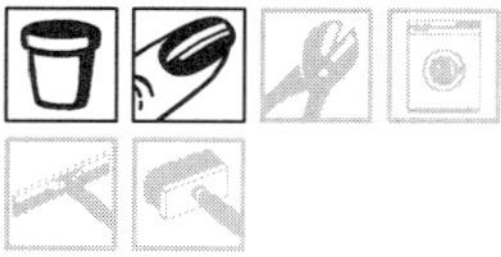

Element:
Erde
Tagesqualität:
Kälte
Nahrungsqualität:
Salz
Pflanzenteil:
Wurzel
Körperzone:
Knie, Knochen, Haut
Organsystem:
Kreislauf

Donnerstag 19 AUGUST

Steinbock
zunehmender Mond

Schön sein, schön bleiben. Steinbock bei abnehmendem Mond ist ideal für die Körperhaarentfernung. »Aber gibt es auch im zweiten Halbjahr besonders günstige Zeitpunkte?« wurden wir gefragt. Grundsätzlich ist der abnehmende Mond immer geeignet für das Loswerden lästiger Körperhaare. In der zweiten Jahreshälfte genügt es, den abnehmenden Mond zu beachten und den Tierkreiszeichen Krebs, Löwe und Jungfrau aus dem Weg zu gehen. Bei Krebs würden die Haare kreuz und quer wuchern, bei Löwe werden sie zu dicht, und bei Jungfrau wachsen sie schnell wieder nach, auch bei Jungfrau im abnehmenden Mond.

Freitag 20 AUGUST

Schön sein, schön bleiben. Generell eignen sich die Steinbocktage bei zunehmendem Mond nicht nur für die Hautpflege, sondern auch für alle Nagelpflegemaßnahmen, wie Ihnen das Symbol andeuten will. Wenn Sie nicht auf den richtigen Zeitpunkt achten können oder wollen, sollten Sie zumindest die ungünstigsten Zeitpunkte meiden: Verzichten Sie an den Fische- und Zwillingetagen und samstagvormittags auf eine spezielle Nagelpflege. Eingewachsene Nägel sollten übrigens immer bei zunehmendem Mond korrigiert oder geschnitten werden, bei abnehmendem Mond behandelt, wachsen sie immer wieder falsch ein.

Element:
Erde
Tagesqualität:
Kälte
Nahrungsqualität:
Salz
Pflanzenteil:
Wurzel
Körperzone:
Knie, Knochen, Haut
Organsystem:
Kreislauf

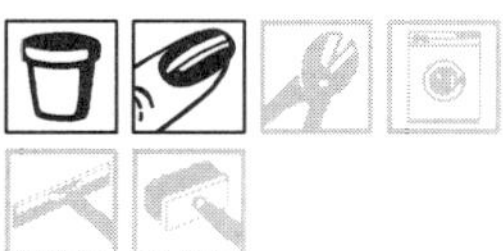

Steinbock
zunehmender Mond

Samstag

21

AUGUST

Element:
Luft
Tagesqualität:
Licht
Nahrungsqualität:
Fett
Pflanzenteil:
Blüte
Körperzone:
Unterschenkel, Venen
Organsystem:
Drüsensystem

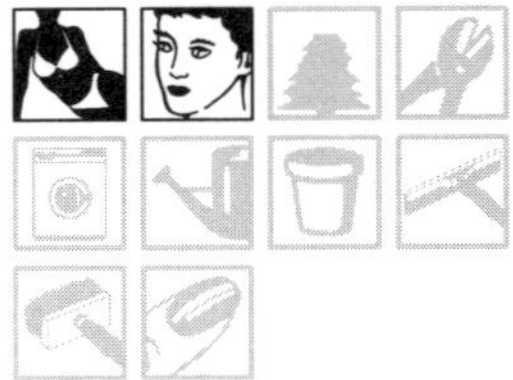

Wassermann
zunehmender Mond

Gesund bleiben, gesund werden. Es fällt auf, dass sich heute vielfach auch schon jüngere Menschen mit Krampfadern und Venenleiden herumschlagen müssen. Die Gründe liegen klar auf der Hand: Mangelnde Bewegung und »westliche« Ernährungsweise. Die moderne Zeit macht alles »bequemer« und »zeitsparender«, gleichzeitig muss alles schnell gehen. Unser Tipp für Wassermann: Ein idealer Tag für gute Vorsätze, was die Venengesundheit betrifft. Der beste Vorsatz: Ab jetzt so viel wie möglich zu Fuß oder mit dem Fahrrad erledigen. Die Venen werden es Ihnen danken, und ein gutes Stück Lebensfreude wird zurückkehren!

Sonntag

22

AUGUST

Einfach zum Nachdenken

Die Seele jeder Ordnung
ist ein guter Papierkorb.

Kurt Tucholsky

13.00

Wassermann
Vollmond

Element:
Luft
Tagesqualität:
Licht
Nahrungsqualität:
Fett
Pflanzenteil:
Blüte
Körperzone:
Unterschenkel, Venen
Organsystem:
Drüsensystem

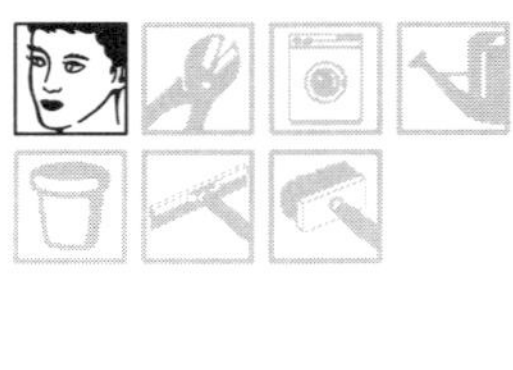

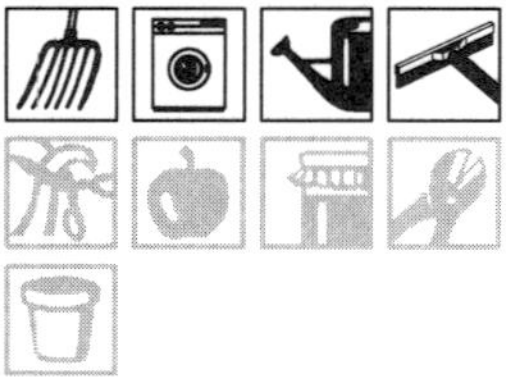

Element:
Wasser
Tagesqualität:
Feuchte
Nahrungsqualität:
Kohlenhydrate
Pflanzenteil:
Blatt
Körperzone:
Füße, Zehen
Organsystem:
Nervensystem

Montag 23 AUGUST

Fische
abnehmender Mond

Der besondere Tipp. In unseren beiden Büchern zum »Tiroler Zahlenrad« machen wir Sie auch mit der besonderen Kraft der Zahlen des aktuellen Datums bekannt. Weist ein Datum wie heute mehrere Dreier und/oder Achter auf (häufig im März und August), dann sind Gefühlswelt, Musikalität und intuitive Fähigkeiten stärker berührt. Hat man diese beiden Zahlen auch noch im Geburtsdatum, dann besteht die Neigung, aus einer unbedachten Gefühlsregung zu handeln, deren Folgen man bereut. Ohne diese Zahlen im Geburtsdatum fällt es an diesen Tagen leichter, auch einmal tiefere Gefühle zuzulassen.

Dienstag 24 AUGUST

Mondkalender enträtselt. Viele LeserInnen wünschen sich im Laufe der Zeit immer wieder einmal eine genauere Erklärung, was die Angabe der »Körperzone« bei den einzelnen Tierkreiszeichen bedeutet. Für die Fischetage wie heute beispielsweise gilt: Was Sie jetzt generell für die Füße tun, wirkt doppelt wohltuend, vorbeugend und heilend, besonders etwa eine Fußreflexzonenmassage. Die Ausnahme sind chirurgische Eingriffe an den Füßen. Dagegen wirkt alles, was die Füße an den Fischetagen belastet, schädlicher als an anderen Tagen – etwa das Tragen von falschem Schuhwerk.

Element:
Wasser
Tagesqualität:
Feuchte
Nahrungsqualität:
Kohlenhydrate
Pflanzenteil:
Blatt
Körperzone:
Füße, Zehen
Organsystem:
Nervensystem

Fische
abnehmender Mond

Mittwoch

25

AUGUST

Element:
Feuer
Tagesqualität:
Wärme
Nahrungsqualität:
Eiweiß, Frucht
Pflanzenteil:
Frucht
Körperzone:
Kopfbereich bis Oberkiefer
Organsystem:
Sinnesorgane

Widder
abnehmender Mond

Der Mond – Ihr guter Freund in Haushalt und Alltag. Ganze drei Tage lang herrschen jetzt ideale Bedingungen zum Einmachen von Obst und Gemüse, für Pickles, Chutneys etc. Die guten Dinge sind jetzt überall reif. Wer auf dem Land lebt, sollte die Früchte des Waldes selbst pflücken (Himbeeren, Heidelbeeren, Walderdbeeren). Sie können völlig auf Chemie verzichten und tun damit sich selbst und Ihren Lieben etwas wirklich Gutes. Auch Kompotte, Marmeladen und Säfte – alles gelingt gut, bleibt aromatisch und haltbar. Bei Wildsammlung bitte behutsam mit der Natur umgehen.

Donnerstag

26

AUGUST

Schön sein, schön bleiben. Wenn das Licht langsam wieder weniger wird, die Tage kürzer, dann empfindet man eine verwöhnende Gesichtspackung als besonders gut. Heute und morgen finden Sie auch noch beim Mond Unterstützung. Dass eine Gesichtspackung ganz unterschiedlich wirken kann, haben Sie vielleicht schon erlebt. Jetzt kennen Sie auch den Grund: Bei zunehmendem Mond zieht alles schneller ein, bei abnehmendem Mond entgiftet der Körper leichter, gleichzeitig sind Hautunreinheiten erfolgreicher zu beseitigen. Jetzt bei abnehmendem Mond ist also eine Packung zur Tiefenreinigung besonders sinnvoll.

Widder
abnehmender Mond

Element:
Feuer
Tagesqualität:
Wärme
Nahrungsqualität:
Eiweiß, Frucht
Pflanzenteil:
Frucht
Körperzone:
Kopfbereich bis Oberkiefer
Organsystem:
Sinnesorgane

Element:
Feuer
Tagesqualität:
Wärme
Nahrungsqualität:
Eiweiß, Frucht
Pflanzenteil:
Frucht
Körperzone:
Kopfbereich bis Oberkiefer
Organsystem:
Sinnesorgane

Freitag 27 AUGUST

Widder
abnehmender Mond

Gesund bleiben, gesund werden. Widdertage bringen immer eine Einladung, den Augen etwas Gutes zu tun. Gelegenheit, mit den Augen zu rollen, gibt es ja nach den Morgennachrichten genug, aber heute wäre das nicht nur eine verständliche Reaktion, sondern obendrein gesund! Beginnen Sie langsam im Uhrzeigersinn, wobei Sie sich bemühen, wirklich den letzten Winkel zu erfassen, der Ihrem Auge möglich ist. Sieben Mal im Uhrzeigersinn, sieben Mal gegen den Uhrzeigersinn. Solche Augengymnastik und Sehübungen helfen an Widdertagen sogar dann sehr gut, wenn man schon eine Brille trägt.

Samstag 28 AUGUST

Der besondere Tipp. Mondrhythmen sind nicht die einzigen Rhythmen in der Natur, die täglich Einfluss auf uns ausüben. Jeder Wochentag zum Beispiel übt ganz eigene Wirkungen aus. Für jeden Sonntag gilt: Kräutersammeln ungünstig. Die Wirkung der Kräuter ist anders und weniger hilfreich, als wenn sie an anderen Tagen gesammelt werden. Auch ist Sonntag generell ungeeignet, um Tiere an andere Orte zu bringen oder nach dem Kauf heimzuholen. Die Tiere bleiben unruhig, fühlen sich nicht heimisch und entwickeln sich manchmal nicht gut. Arbeiten, die man an Sonntagen erledigt, gelingen oftmals nicht so gut.

Element:
Erde
Tagesqualität:
Kälte
Nahrungsqualität:
Salz
Pflanzenteil:
Wurzel
Körperzone:
Unterkiefer, Halsregion
Organsystem:
Kreislauf

Stier
abnehmender Mond

Sonntag

29

AUGUST

Element:
Erde
Tagesqualität:
Kälte
Nahrungsqualität:
Salz
Pflanzenteil:
Wurzel
Körperzone:
Unterkiefer, Halsregion
Organsystem:
Kreislauf

Stier
abnehmender Mond

Einfach zum Nachdenken

Jeder ist berufen,
etwas in der Welt zur Vollendung zu bringen.

Martin Buber

Montag

30

AUGUST

Der besondere Tipp. Vielleicht haben Sie es schon bemerkt: Zwillingetage prägt eine besondere Energie, die manchen Menschen »auf den Wecker« gehen kann, besonders den eher Pedantischen unter uns. Man weiß nämlich morgens nie so ganz genau, wie der Tag ausgeht, fix Geplantes und Erwartetes entwickelt sich manchmal ganz anders. Oder das Wetter verhält sich anders, als es die Wetterfrösche vorhergesagt haben. Man neigt dazu, vieles anzufangen, ist aber unbefriedigt, weil man nichts zu Ende bringt. Rüsten Sie sich einfach mit Gelassenheit und nehmen Sie die Dinge, wie sie kommen.

Zwillinge
abnehmender Mond

Element:
Luft
Tagesqualität:
Licht
Nahrungsqualität:
Fett
Pflanzenteil:
Blüte
Körperzone:
Schultern, Arme, Hände
Organsystem:
Drüsensystem

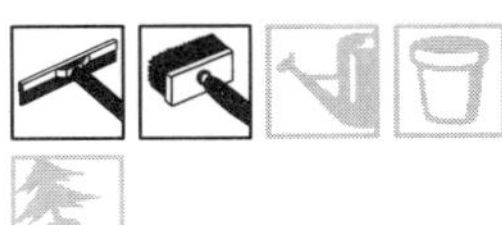

Element:
Luft
Tagesqualität:
Licht
Nahrungsqualität:
Fett
Pflanzenteil:
Blüte
Körperzone:
Schultern, Arme, Hände
Organsystem:
Drüsensystem

Dienstag

31

AUGUST

Humor ist gute Medizin – zum Schulanfang

Der Lehrer fragt einen Schüler,
wo denn seine Hausaufgaben seien.
Der Schüler antwortet:
»Ups, die sind noch in meinem Bleistift.«

Zwillinge
abnehmender Mond

Der besondere Tipp. Sie wissen ja: Allmonatlich ist der Neumondtag ideal für einen Neubeginn jeglicher Art. Aber auch im Jahreslauf gibt es zwei ideale Zeitpunkte, die völlig unabhängig vom Mondstand einen positiven Anstoß für alle neuen Vorhaben mitgeben: Der 2. Februar und der heutige 1. September! Wenn Sie jetzt nach der Urlaubszeit den Schwung der Erholung in die Zukunft retten wollen, treten Sie zum Beispiel einem Fitnessklub bei oder entwickeln Sie einen persönlichen Plan zur Erhaltung Ihrer Kondition. Freude an allem Neuen zu gewinnen und zu behalten, das fällt heute leichter.

Mittwoch

1

SEPTEMBER

Element:
Luft
Tagesqualität:
Licht
Nahrungsqualität:
Fett
Pflanzenteil:
Blüte
Körperzone:
Schultern, Arme, Hände
Organsystem:
Drüsensystem

Zwillinge
abnehmender Mond

Donnerstag

2

SEPTEMBER

Element:
Wasser
Tagesqualität:
Feuchte
Nahrungsqualität:
Kohlenhydrate
Pflanzenteil:
Blatt
Körperzone:
Brustbereich, Lunge
Organsystem:
Nervensystem

Krebs
abnehmender Mond

Humor ist gute Medizin. Mathe-Unterricht im Wandel der Zeit – Volksschule 1960: »Ein Bauer verkauft einen Sack Kartoffeln für 50 DM. Die Erzeugerkosten betragen 40 DM. Berechne den Gewinn.« Gesamtschule 1990: »Ein Bauer verkauft einen Sack Kartoffeln für 50 DM. Die Erzeugerkosten betragen 40 DM und der Gewinn 10 DM. Unterstreiche das Wort Kartoffel und diskutiere darüber.« Schule 2000: »Ein kapitalistisch priwilegierter bauer bereichert sich an einem sack kartoffeln um 10 euros. Untersuche den tekst auf inhaltliche feler. Korrigiere die aufgabenstellung und demonstrire gegen die lösung.« Schule 2021: »Es gipt keine kartoffeln mer, nur noch pomm frizz bei McDonalds.«

Freitag

3

SEPTEMBER

Wildkräuter – Kraftwerke der Natur. Heute: Schafgarbe (Achillea millefolium). Zitat von Pfarrer Kneipp: »Viel Unheil bliebe den Frauen erspart, würden sie ab und zu einmal zur Schafgarbe greifen.« Schafgarbe wirkt stärkend und fördert generell das Wohlbefinden. Das gute Mittel bei *Blutarmut* und generell zur *Blutbildung* ist Schafgarbentee. Nehmen Sie davon einen gehäuften Teelöffel voll auf eine große Tasse. Mit kochendem Wasser überbrühen, etwa drei Minuten ziehen lassen und abseihen. Den Tee dann schluckweise trinken, bis zu drei Tassen über den Tag verteilt. Besonders wirksam an Stier-, Jungfrau- und Steinbocktagen, die für den Blutkreislauf »zuständig« sind.

Krebs
abnehmender Mond

Element:
Wasser
Tagesqualität:
Feuchte
Nahrungsqualität:
Kohlenhydrate
Pflanzenteil:
Blatt
Körperzone:
Brustbereich, Lunge
Organsystem:
Nervensystem

Element:
Feuer
Tagesqualität:
Wärme
Nahrungsqualität:
Eiweiß, Frucht
Pflanzenteil:
Frucht
Körperzone:
Herzregion, Kreislauf
Organsystem:
Sinnesorgane

Samstag 4 SEPTEMBER

Der Mond – Ihr guter Freund in Haushalt und Alltag. Rechtzeitig informiert ist halb gewonnen: Viele Stadt- und Gemeindeverwaltungen haben allmählich das Einwintern diverser Außeninstallationen, Stadtbrunnen etc. auf dem Terminkalender. Auch hier gibt es geeignete Zeitpunkte, die später viel Geld und Zeit sparen helfen. Ideal sind Termine im abnehmenden Mond an Licht- oder Wärmetagen, also Zwillinge, Waage, Wassermann und Widder, Löwe, Schütze. Das hätte nämlich den Vorteil, dass alles schön dicht bleibt, dass sich kein Schmutz sammelt und die Leitungen nicht so leicht einfrieren. Im Laufe der Zeit fallen weniger Reinigungs- und Reparaturarbeiten an.

Löwe
abnehmender Mond

Sonntag 5 SEPTEMBER

Einfach zum Nachdenken

Wer immer die Wahrheit sagt,
kann sich ein schlechtes Gedächtnis leisten.

Theodor Heuss

Element:
Feuer
Tagesqualität:
Wärme
Nahrungsqualität:
Eiweiß, Frucht
Pflanzenteil:
Frucht
Körperzone:
Herzregion, Kreislauf
Organsystem:
Sinnesorgane

Löwe
abnehmender Mond

Montag

6

SEPTEMBER

Element:
Feuer
Tagesqualität:
Wärme
Nahrungsqualität:
Eiweiß, Frucht
Pflanzenteil:
Frucht
Körperzone:
Herzregion, Kreislauf
Organsystem:
Sinnesorgane

Löwe
abnehmender Mond

Gesund bleiben, gesund werden. Löwetage beeinflussen nicht nur unseren Kreislauf, sondern auch, wie wir Farben wahrnehmen und welche Wirkung sie haben. Wenn es Zeit und Wetter zulassen, gehen Sie heute einmal kurz ins Grüne. Legen Sie sich in eine Spätsommerwiese und lassen Sie die Seele baumeln. Grün wirkt ausgleichend und neutralisierend, es ist die Farbe der Hoffnung, Harmonie und Heilung. Diese Farbe ist als Kontrafarbe dem Mond im Zeichen Löwe zugeordnet, sie wirkt positiv auf Brust, Herz und Knie. Bewusst diese Farben in der eigenen Kleidung zu wählen kann Heilungsprozesse unterstützen.

Dienstag

7

SEPTEMBER

Moon Power für Garten, Feld und Wald. Aus der Trickkiste für einen lebendigen Garten in Harmonie mit dem Mondkalender: Dahlien graben wir im Herbst nicht aus, weil wir ohnehin nie gießen. Wenn auch Sie das tun, genügt es, Dahlien im Herbst mit vielen Zweigen abzudecken. Sie kommen unfehlbar jedes Jahr wieder, schöner als zuvor. Während einem der letzten Winter hat sie sogar einmal versehentlich im Schnee ein Lastwagen platt gefahren. Wir haben uns sehr gefreut, als sie auch diese unsanfte Behandlung unbeschadet überstanden haben. Das künstliche »Eingießen« ist zwar Mode geworden, aber nicht sinnvoll.

01.51

Jungfrau
Neumond

Element:
Erde
Tagesqualität:
Kälte
Nahrungsqualität:
Salz
Pflanzenteil:
Wurzel
Körperzone:
Verdauungsorgane
Organsystem:
Kreislauf

Mittwoch 8 SEPTEMBER

Element:
Erde
Tagesqualität:
Kälte
Nahrungsqualität:
Salz
Pflanzenteil:
Wurzel
Körperzone:
Verdauungsorgane
Organsystem:
Kreislauf

Der Tagesrhythmus der Organe. Die Harnblase, ein wichtiges Entgiftungsorgan, arbeitet von drei bis fünf Uhr nachmittags besonders gut. Wenn Sie bei schönem Wetter einen Strauß weiße Taubnesseln sammeln und in eine Vase stellen, können Sie – vom Wetter unabhängig – viele Tage lang Blüten abzupfen und zu einem hervorragenden Blasentee verarbeiten, der vorbeugend gegen Blaseninfektionen wirkt, ideal zwischen drei und fünf Uhr nachmittags getrunken! Nebenbei bemerkt: Bei zunehmendem Mond im Skorpion gepflückt erhalten Sie den besten Heiltee, also noch etwas warten.

Jungfrau
zunehmender Mond

Donnerstag 9 SEPTEMBER

Der besondere Tipp. In unserem Buch *Lebenschance Tiroler Zahlenrad* machen wir Sie mit der besonderen Kraft der Zahlen Ihres Geburtsdatums, aber auch des aktuellen Datums bekannt. Die beiden Neuner heute begünstigen jede Form von Geschäftstüchtigkeit. Jedoch nicht im Sinne von »Ausnutzen«, sondern »Nutzen«. Alle Chancen in Zusammenhang mit geschäftlichen Verbesserungen und Aufstiegsmöglichkeiten im Beruf lassen sich heute leichter erkennen. Seien Sie also klug und erledigen Sie heute Geschäftliches mit Herz und Verstand. Den nötigen Schwung wird Ihnen die Energie der Zahlen des Tages geben.

Element:
Luft
Tagesqualität:
Licht
Nahrungsqualität:
Fett
Pflanzenteil:
Blüte
Körperzone:
Hüfte, Nieren, Blase
Organsystem:
Drüsensystem

Waage
zunehmender Mond

Freitag

10

SEPTEMBER

Element:
Luft
Tagesqualität:
Licht
Nahrungsqualität:
Fett
Pflanzenteil:
Blüte
Körperzone:
Hüfte, Nieren, Blase
Organsystem:
Drüsensystem

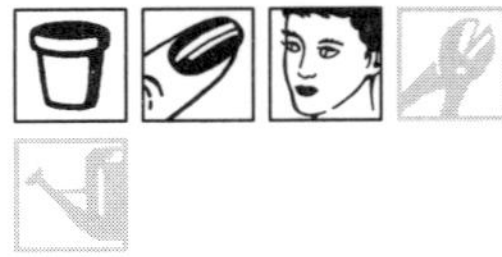

Waage
zunehmender Mond

Lindern und Heilen mit Wildkräutern. Heute: Verstopfung. Auch bei diesem Problem (eine Begleiterscheinung von fleischzentrierter Ernährung) können Kräuter und Früchte schnell Abhilfe schaffen. *Leinsamen (geschrotet helfen sie am besten):* ein Teelöffel voll, mit warmem Wasser »nachgespült«. *Getrocknete Feigen/Pflaumen:* einweichen, Einweichwasser langsam trinken. *Lauwarmes Wasser:* ein Glas morgens vor dem Aufstehen. *Wegwarten-Tee.* Speziell für den Alpha-Typ: Umstellung von Kaffee auf *grünen Tee.* Tipps gibt es zuhauf, aber weil nicht alles jedem hilft, resignieren viele und greifen zur Chemie. Hier muss jeder selbst herausfinden, was persönlich wirkt. Geduld ist gefragt.

Samstag

11

SEPTEMBER

Gesund bleiben, gesund werden. Nach dem Sommer werden sich die meisten von uns noch nicht an die Ankunft der kühleren Tage gewöhnt haben, mit der bekannten Folge erhöhter Erkältungsgefahr. Sie geht an Skorpiontagen wie heute und morgen am stärksten von einer Unterkühlung der Beckenregion aus, aber auch von zu kalten Füßen. So mancher hat schon Grippe und Erkältungen fast endgültig gebannt, nur weil er stets darauf achtete, diese beiden Körperzonen warm zu halten, besonders zu Beginn der kühleren Jahreszeit. Also schützen Sie sich, etwa mit warmen Schuheinlagen und mit gut bedeckter Nierenregion.

Skorpion
zunehmender Mond

Element:
Wasser
Tagesqualität:
Feuchte
Nahrungsqualität:
Kohlenhydrate
Pflanzenteil:
Blatt
Körperzone:
Geschlechtsorgane
Organsystem:
Nervensystem

Element:
Wasser
Tagesqualität:
Feuchte
Nahrungsqualität:
Kohlenhydrate
Pflanzenteil:
Blatt
Körperzone:
Geschlechtsorgane
Organsystem:
Nervensystem

Sonntag 12 SEPTEMBER

Skorpion
zunehmender Mond

Einfach zum Nachdenken

Wenn jeder Fehler angemerkt wird,
hört jeder Umgang auf.

Indischer Spruch

Montag 13 SEPTEMBER

Mondkalender enträtselt. Aus dem Mondlexikon für unsere Neulinge: »Welche Folgen hat eigentlich der ungünstige Zeitpunkt fürs Fensterputzen?« Wenn Sie fürs Fensterputzen den falschen Zeitpunkt wählen, nämlich den zunehmenden Mond, müssen Sie viel Geduld und Gelassenheit mitbringen. Auch mit noch so viel Chemie gelingt die Arbeit nicht so gut wie bei abnehmendem Mond, wo schon Wasser mit einem Schuss Spiritus genügen würde. Ungünstig ist der zunehmende Mond auch fürs Anbringen von Fensterfolien. Luftblasen sind viel schwerer zu entfernen.

Element:
Feuer
Tagesqualität:
Wärme
Nahrungsqualität:
Eiweiß, Frucht
Pflanzenteil:
Frucht
Körperzone:
Oberschenkel, Venen
Organsystem:
Sinnesorgane

Schütze
zunehmender Mond

Dienstag

14

SEPTEMBER

Element:
Feuer
Tagesqualität:
Wärme
Nahrungsqualität:
Eiweiß, Frucht
Pflanzenteil:
Frucht
Körperzone:
Oberschenkel, Venen
Organsystem:
Sinnesorgane

Schütze
zunehmender Mond

Gesund bleiben, gesund werden. Gut vorbereitet ist halb gewonnen: Morgen und übermorgen sind die Knie vom Mond »bestrahlt«, vorbeugendes Schonen ist eine gute Idee. Viele Menschen hören mit geliebten Sportarten auf, weil das Training manchmal zu viel wird. Würde man an manchen Tagen auf die Ausübung verzichten, dann hätte man bis ins hohe Alter Freude daran! Also stornieren Sie die für morgen und übermorgen geplanten Tennis- oder Squashstunden, wenn Sie manchmal Knieprobleme haben. Wer bergwandert, sollte für den Abstieg einen Gehstock nehmen und das Gewicht etwas abfedern – eine knieschonende Maßnahme!

Mittwoch

15

SEPTEMBER

Mondkalender enträtselt. »Meine Freundin verwendet einen Mondkalender, der sich von Ihrem unterscheidet. Wem soll ich vertrauen?« Auf diese Frage gibt es eine kurze und eine ausführliche Antwort. Letztere schicken wir allen interessierten Lesern gerne zu (per E-Mail). In aller Kürze: Manchmal verwenden die Kalendermacher eine andere Berechnungsgrundlage, und dann verschiebt sich das eine oder andere Tierkreiszeichen. Auch deshalb ist das Mondwissen immer wieder einmal im Laufe der Geschichte in Vergessenheit geraten. Welcher Schaden das ist, das können heute viele unserer LeserInnen sehr gut beurteilen.

Element:
Erde
Tagesqualität:
Kälte
Nahrungsqualität:
Salz
Pflanzenteil:
Wurzel
Körperzone:
Knie, Knochen, Haut
Organsystem:
Kreislauf

Steinbock
zunehmender Mond

Donnerstag 16 SEPTEMBER

Element:
Erde
Tagesqualität:
Kälte
Nahrungsqualität:
Salz
Pflanzenteil:
Wurzel
Körperzone:
Knie, Knochen, Haut
Organsystem:
Kreislauf

Der besondere Tipp. Vielleicht schmunzeln Mond-Neulinge darüber, aber viele LeserInnen haben es schon erfahren: Steinbock ist kein guter Zeitpunkt fürs erstmalige Tragen neuer Schuhe. Sie tun auch später immer weh und werden auch mit der Zeit nicht geschmeidiger. Besser bis morgen warten. Aber auch dann mit Umsicht kaufen: Wenn Sie an Wassermann neue Schuhe erwerben, dann weiten sie sich recht bald. Das kann Schuhe sogar unbrauchbar machen, kann aber auch nützlich werden bei zu engen oder zu harten Schuhen, die schon in Ihrem Besitz sind. Einfach einige Zeit lang nur an Wassermann tragen!

Steinbock
zunehmender Mond

Freitag 17 SEPTEMBER

Gesund bleiben, gesund werden. Nächsten Dienstag ist Vollmond! An Wassermanntagen kurz vor Vollmond halten die Unterschenkelvenen größeren Belastungen weniger gut stand, wenn Sie nicht gut austrainiert sind und regelmäßig Fitnessübungen machen. Legen Sie die Beine wenn möglich hoch und gönnen Sie sich eine Streichelmassage mit einem natürlichen Massageöl. Krampfadern sind heute schmerzempfindlicher als sonst. Stadtbummel, Wanderungen, Museumsbesuche, eine abendliche Stehparty und dergleichen könnten deshalb heute möglicherweise weniger Freude machen als zu anderen Zeiten.

Element:
Luft
Tagesqualität:
Licht
Nahrungsqualität:
Fett
Pflanzenteil:
Blüte
Körperzone:
Unterschenkel, Venen
Organsystem:
Drüsensystem

Wassermann
zunehmender Mond

Samstag

18

SEPTEMBER

Element:
Luft
Tagesqualität:
Licht
Nahrungsqualität:
Fett
Pflanzenteil:
Blüte
Körperzone:
Unterschenkel, Venen
Organsystem:
Drüsensystem

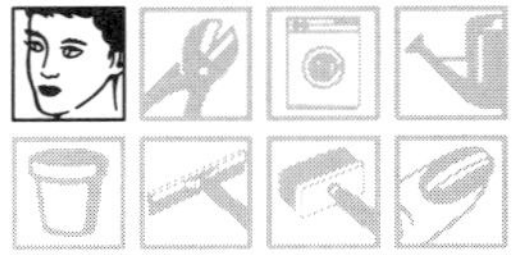

Wassermann
zunehmender Mond

Unser Spezialtipp. Die besondere Zeit des »rückläufigen Merkur« beginnt am Montag in einer Woche (27.9.)! Diese Phase (bis zum 18.10.) nutzen Sie am besten, indem Sie alles erledigen, was schon längere Zeit liegen geblieben ist. Die ideale Zeit, um auszumisten, mentale Last aus »schlechter alter Zeit« aus Dachböden und Kellern ans Licht zu holen und zu beseitigen. Finden Sie heraus, wo sich dort Belastendes, Störendes gefangen hat. Wagen Sie den verjüngenden Schritt in neue Zeiten. Ab 19. Oktober dann wieder neu beginnen – diese Regel funktioniert in jedem Alter!

Sonntag

19

SEPTEMBER

Einfach zum Nachdenken

Die gefährlichste aller Weltanschauungen
ist die Weltanschauung der Leute,
die die Welt nie angeschaut haben.

Alexander von Humboldt

Fische
zunehmender Mond

Element:
Wasser
Tagesqualität:
Feuchte
Nahrungsqualität:
Kohlenhydrate
Pflanzenteil:
Blatt
Körperzone:
Füße, Zehen
Organsystem:
Nervensystem

Element:
Wasser
Tagesqualität:
Feuchte
Nahrungsqualität:
Kohlenhydrate
Pflanzenteil:
Blatt
Körperzone:
Füße, Zehen
Organsystem:
Nervensystem

Montag 20 SEPTEMBER

Fische
zunehmender Mond

Moon Power für Garten, Feld und Wald. Je nach klimatischen Verhältnissen rückt allmählich der letzte Rasenschnitt näher. Deshalb heute eine kleine Warnung: Grundsätzlich ist fürs Rasenmähen jeder Blatttag geeignet, also Krebs, Skorpion oder Fische. Nur der letzte Schnitt vor dem Winter sollte möglichst *nicht* an Fische geschehen, also nicht heute oder morgen! Das hätte nämlich zur Folge, dass das Gras über den Winter zu dünn und schwach werden würde. Es wird anfälliger für Moosbewuchs und kahle Stellen. Warten Sie also bis Mittwoch, bei abnehmendem Mond wächst das Gras dann auch nicht so schnell.

Dienstag 21 SEPTEMBER

Der Mond – Ihr guter Freund in Haushalt und Alltag. Im Alltag machen wir immer wieder die Erfahrung, dass ein bestimmter Zusammenhang unbekannt ist: Die meisten Geruchsstoffe sind fettlöslich. Deshalb sollte man Butter, Margarine und Sahne immer in geschlossenen Gefäßen im Kühlschrank aufbewahren. Sonst nimmt Ihre Butter jeden Geruch an, der gerade im Kühlschrank herumschwebt. Übrigens bei zunehmendem Mond stärker als bei abnehmendem Mond. An Fischetagen mit ihrem starken Einfluss auf die sinnliche Wahrnehmung lässt sich der Zusammenhang am besten erfahren.

Element:
Wasser
Tagesqualität:
Feuchte
Nahrungsqualität:
Kohlenhydrate
Pflanzenteil:
Blatt
Körperzone:
Füße, Zehen
Organsystem:
Nervensystem

00.53

Fische
Vollmond

Mittwoch

22

SEPTEMBER

Element:
Feuer
Tagesqualität:
Wärme
Nahrungsqualität:
Eiweiß, Frucht
Pflanzenteil:
Frucht
Körperzone:
Kopfbereich bis Oberkiefer
Organsystem:
Sinnesorgane

Widder
abnehmender Mond

Moon Power für Garten, Feld und Wald. Wir möchten es Ihnen noch einmal dringend ans Herz legen: Statt das Herbstlaub mühsam zu entsorgen, rechen Sie es dieses Jahr bei abnehmendem Mond zusammen und lassen Sie es unter den Bäumen und Sträuchern liegen. Es erfüllt dann den Zweck, den die Natur dafür vorgesehen hat: den Pflanzen als bestmögliche Nahrung zu dienen, zudem als Kälteschutz und Unterschlupf für wichtiges Kleingetier. Die größte Verschwendung und Umweltbelastung bringen übrigens die Laubbläser, die mit viel Lärm und Gestank Mensch und Natur belasten. Manch ein »Fortschritt« ist keiner.

Donnerstag

23

SEPTEMBER

Moon Power für Garten, Feld und Wald. Die Gartensaison nähert sich ihrem Ende, nachts fallen die Temperaturen schon mal unter zehn Grad. Denken Sie daran, bei den Aufräumarbeiten im Garten auch Lebensraum für nützliches Getier zu hinterlassen, auch wenn es fürs Auge momentan nicht so »edel« aussieht. Igel beispielsweise sind sehr dankbar für Winterquartiere in Form von Reisighaufen, die ein gründlicher Baum- und Strauchschnitt hinterlassen hat (bitte bei abnehmendem Mond!). Im Frühjahr haben Sie dafür schon ausgetrocknetes Häckselgut, das sich dann ideal zum Mulchen eignet.

Widder
abnehmender Mond

Element:
Feuer
Tagesqualität:
Wärme
Nahrungsqualität:
Eiweiß, Frucht
Pflanzenteil:
Frucht
Körperzone:
Kopfbereich bis Oberkiefer
Organsystem:
Sinnesorgane

Freitag

24

SEPTEMBER

Element:
Erde
Tagesqualität:
Kälte
Nahrungsqualität:
Salz
Pflanzenteil:
Wurzel
Körperzone:
Unterkiefer, Halsregion
Organsystem:
Kreislauf

Moon Power für Garten, Feld und Wald. Ende September warten die Futterhäuschen unserer Vögel wieder aufs Pflegen, auf kleine Reparaturen und Sicherheit vor Katzen und anderen Räubern. Futterhäuschen sowie Vogelhäuschen für den Nachwuchs sollten unbedingt aus unbehandeltem Holz bestehen. Wenn Sie selbst eines basteln, achten Sie auf den abnehmenden Mond. Ihr Bauwerk ist länger haltbar und kann auch den Wetterverhältnissen besser trotzen. Bei Nistkästen eine kleine Sitzstange vor dem Einflugloch nicht vergessen! Mit dem Füttern selbst sollten Sie vielleicht noch ein wenig warten. Meist brauchen unsere gefiederten Freunde erst nach dem ersten Frost oder Schnee Unterstützung.

Stier
abnehmender Mond

Samstag

25

SEPTEMBER

Gesund bleiben, gesund werden. Kräuterpflücken kann vom richtigen Zeitpunkt in besonderem Maße profitieren. Heute geerntete Salbeiblätter zum Beispiel haben eine besondere Kraft! Im Schatten auf einem Holzrost, in einem Korb oder auf Zeitungspapier trocknen lassen. Die Blätter dürfen nicht aneinanderhaften, sondern müssen gut atmen können. Jetzt ist auch ein guter Zeitpunkt, um schon den Wintervorrat für Salbeitee anzulegen. Ein solcher Tee ist unvergleichlich, er wird Ihnen gute Dienste tun, wenn Sie im Herbst und Winter einmal mit Halsschmerzen zu tun bekommen.

Element:
Erde
Tagesqualität:
Kälte
Nahrungsqualität:
Salz
Pflanzenteil:
Wurzel
Körperzone:
Unterkiefer, Halsregion
Organsystem:
Kreislauf

Stier
abnehmender Mond

Sonntag 26 SEPTEMBER

Element:
Erde
Tagesqualität:
Kälte
Nahrungsqualität:
Salz
Pflanzenteil:
Wurzel
Körperzone:
Unterkiefer, Halsregion
Organsystem:
Kreislauf

Stier
abnehmender Mond

Einfach zum Nachdenken

Nimm es als Freude,
und es ist Freude!
Nimm es als Last,
und es ist Last!

Hindustanisches Sprichwort

Montag 27 SEPTEMBER

Unser Spezialtipp. Die besondere Zeit des »rückläufigen Merkur« beginnt HEUTE! Diese Phase (bis zum 18. Oktober) nutzen Sie am besten, indem Sie alles erledigen, was schon längere Zeit liegen geblieben ist. Die ideale Zeit, um auszumisten, mentale Last aus »schlechter alter Zeit« aus Dachböden und Kellern ans Licht zu holen und zu beseitigen. Finden Sie heraus, wo sich dort Belastendes, Störendes gefangen hat. Wagen Sie den verjüngenden Schritt in neue Zeiten. Ab 19. Oktober dann wieder neu beginnen – diese Regel funktioniert in jedem Alter!

Zwillinge
abnehmender Mond

Element:
Luft
Tagesqualität:
Licht
Nahrungsqualität:
Fett
Pflanzenteil:
Blüte
Körperzone:
Schultern, Arme, Hände
Organsystem:
Drüsensystem

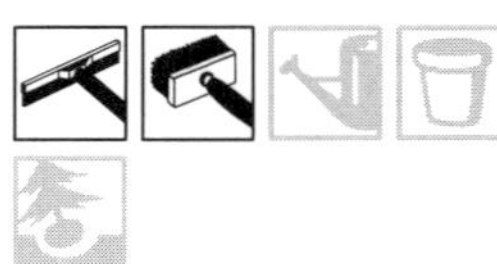

Element:
Luft
Tagesqualität:
Licht
Nahrungsqualität:
Fett
Pflanzenteil:
Blüte
Körperzone:
Schultern, Arme, Hände
Organsystem:
Drüsensystem

Dienstag 28 SEPTEMBER

Zwillinge
abnehmender Mond

Gesund bleiben, gesund werden. Eine ideale Vorbeugung gegen Erkältungen: Immer wenn Sie gerade daran denken, stellen Sie in den Schuhen die Zehen so auf, als ob Sie etwas mit ihnen greifen wollen. Das übt Druck auf Reflexzonen aus und wirkt vorbeugend, aber auch bessernd, wenn die Erkältung Sie schon gepackt hat.

Moon Power für Garten, Feld und Wald. Wenn Sie lebende Zäune lieben, aber wenig Arbeit mit ihnen haben wollen, sollten Sie ihnen wieder heute oder morgen einen Schnitt verpassen. Die grünen Mauern wachsen bei Krebs im abnehmenden Mond zwar langsamer nach, dafür aber dicht und robust. Was für grüne Hecken gilt, gilt nicht für Ihr Haarkleid! Auch wenn es Sie noch so sehr danach verlangt: Sie sollten heute und morgen aufs Haareschneiden verzichten. Umso besser ist das Ergebnis dann vom 2. bis 5. Oktober. Warten Sie also noch, wenn möglich, machen Sie aber heute schon einen Termin.

Mittwoch 29 SEPTEMBER

Element:
Wasser
Tagesqualität:
Feuchte
Nahrungsqualität:
Kohlenhydrate
Pflanzenteil:
Blatt
Körperzone:
Brustbereich, Lunge
Organsystem:
Nervensystem

Krebs
abnehmender Mond

Donnerstag

30

SEPTEMBER

Element:
Wasser
Tagesqualität:
Feuchte
Nahrungsqualität:
Kohlenhydrate
Pflanzenteil:
Blatt
Körperzone:
Brustbereich, Lunge
Organsystem:
Nervensystem

Krebs
abnehmender Mond

Die Sprache der Natur. Heute: Erdbeben. Die Natur sagt uns: »Was glaubt ihr geschieht, wenn ihr aus meinen Bergen und Tiefen herausholt, was ich dort über Millionen von Jahren versteckt habe? Würdet ihr nicht auch ins Wackeln kommen, wenn man den einen oder anderen Knochen, das eine oder andere Blutgefäß aus euch herausbohrt? Es ist mehr als höchste Zeit, nur noch erneuerbare Energien einzusetzen. Euer Argument, dass dann Arbeitsplätze verloren gehen, ist etwas kurzsichtig. Wer unter euch Augen hat, hat sich schon längst aus einer solchen Arbeit verabschiedet.«

Freitag

1

OKTOBER

Der Mond – Ihr guter Freund in Haushalt und Alltag. Gut geplant ist halb gewonnen: Naht auch bei Ihnen die Zeit, Balkonblumen, Geranien und Terrassenpflanzen wieder in geschützte Unterstände umzusiedeln? Wählen Sie für diese Arbeit unbedingt den richtigen Zeitpunkt! Wenn der Mond nämlich dabei gleichzeitig in Jungfrau steht, geben Sie den Pflanzen den nötigen Kraftimpuls mit, um im nächsten Jahr im Frühling zu neuem farbigen Leben zu erwachen und allen Freude zu bringen. Jungfrau kommt schon bald, nämlich nächsten Montag und Dienstag! Lassen Sie sich aber nicht einreden, dass die Pflanzen vorher gegossen werden müssen!

Krebs
abnehmender Mond

Element:
Wasser
Tagesqualität:
Feuchte
Nahrungsqualität:
Kohlenhydrate
Pflanzenteil:
Blatt
Körperzone:
Brustbereich, Lunge
Organsystem:
Nervensystem

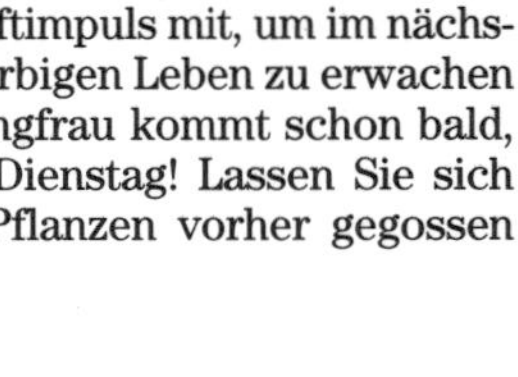

Element:
Feuer
Tagesqualität:
Wärme
Nahrungsqualität:
Eiweiß, Frucht
Pflanzenteil:
Frucht
Körperzone:
Herzregion, Kreislauf
Organsystem:
Sinnesorgane

Samstag

2

OKTOBER

Löwe
abnehmender Mond

Moon Power für Garten, Feld und Wald. Der richtige Zeitpunkt für das Einlagern von Brennholz entscheidet, ob es weiter trocknet und wie schnell oder ob der Trocknungsprozess stagniert. Am besten eignet sich ein Tag im abnehmenden Mond in einem Feuerzeichen (Widder, Löwe, Schütze). Ein Feuerzeichen ist zwar nicht zwingend nötig, aber Fische, Krebs, Skorpion und Jungfrau sollten Sie auf jeden Fall meiden. Bei den Wasserzeichen bleibt es leichter feucht, bei Jungfrau lockt das Holz Ungeziefer und Schimmel an. Grundsätzlich spielt die Jahreszeit beim Einlagern keine so große Rolle.

Sonntag

3

OKTOBER
Tag der Dt. Einheit

Einfach zum Nachdenken

Man sollte keine Dummheit zweimal begehen,
die Auswahl ist schließlich groß genug.

Jean-Paul Sartre

Element:
Feuer
Tagesqualität:
Wärme
Nahrungsqualität:
Eiweiß, Frucht
Pflanzenteil:
Frucht
Körperzone:
Herzregion, Kreislauf
Organsystem:
Sinnesorgane

Löwe
abnehmender Mond

Montag

4

OKTOBER

Element:
Erde
Tagesqualität:
Kälte
Nahrungsqualität:
Salz
Pflanzenteil:
Wurzel
Körperzone:
Verdauungsorgane
Organsystem:
Kreislauf

Jungfrau
abnehmender Mond

Moon Power für Garten, Feld und Wald. Wann Geranien überwintern? Eine oft gestellte Frage! Jungfrau bringt die idealen Tage dafür. Die Pflanzen erhalten dann den nötigen Kraftimpuls, um im nächsten Frühling zu neuem Leben zu erwachen. Brechen Sie dazu die Blütenstände und auch die noch geschlossenen Knospen an den Bruchstellen im Stängelansatz ab. Lassen Sie die Blätter dran! Danach bringen Sie die Töpfe oder Kästen an einen kühlen und dunklen Ort (nicht stockdunkel!), an dem die Temperatur im Winter nicht unter (etwa) sechs Grad absinkt. Bitte lassen Sie die Pflanzen dann in Ruhe! *(Weitere Tipps morgen!)*

Dienstag

5

OKTOBER

Geranien überwintern Teil 2. Die braunen Blätter der Geranien vorerst in Ruhe lassen und ab Dezember ganz leicht gießen. Im Frühling holen Sie die Pflanzen ebenfalls an einem Jungfrautag hervor und pflanzen sie mit neuer Erde wieder ein. Vorher die braunen Blätter entfernen. Gießen Sie die Geranien direkt nach dem Umtopfen und später nur noch an Wassertagen (Krebs, Skorpion, Fische). Große Pflanzen können Sie teilen und abgebrochene Zweige einfach in die Erde stecken. Auch ganz kleine Stängel wachsen an Jungfrau an. Mit dieser Methode halten die Geranien etwa zehn Jahre lang.

Jungfrau
abnehmender Mond

Element:
Erde
Tagesqualität:
Kälte
Nahrungsqualität:
Salz
Pflanzenteil:
Wurzel
Körperzone:
Verdauungsorgane
Organsystem:
Kreislauf

Mittwoch 6 OKTOBER

Element: **Luft**
Tagesqualität: **Licht**
Nahrungsqualität: **Fett**
Pflanzenteil: **Blüte**
Körperzone: **Hüfte, Nieren, Blase**
Organsystem: **Drüsensystem**

12.04

Waage
Neumond

Der Mond – Ihr guter Freund in Haushalt und Alltag. Silikondichtungen an Türen, im Bad, entlang von Fliesen usw. müssen oft komplett erneuert werden, beispielsweise wenn ein Neubau noch etwas in Bewegung ist oder wenn Materialalterung die Dichtungen spröde gemacht hat. Suchen Sie sich für diese Arbeit unbedingt einen Termin bei abnehmendem Mond in einem »trockenen« Zeichen, also nicht an Krebs, Skorpion und Fische. Die Zeit bis zur nächsten Erneuerung können Sie so beträchtlich verlängern, und vor allen Dingen: Alles bleibt dicht! Generell gilt, dass im Heimwerkerbereich der abnehmende Mond die besseren Ergebnisse bringt. Obendrein geht alles leichter von der Hand.

Donnerstag 7 OKTOBER

Gesund bleiben, gesund werden. Vitamine und Mineralstoffe werden an Waage besser aufgenommen als an vielen anderen Tagen, besonders wenn auch noch, wie heute, zunehmender Mond herrscht. Ihren Vitamin-C-Bedarf decken Sie am besten mit Wildkräutern, die teilweise zehnmal mehr Vitamin C enthalten als die gleiche Menge Grüngemüse. Ein Tipp unserer Vorfahren: Wenn Sie Äpfel als Vitaminlieferanten im Schlafzimmer lagern, haben Sie immer gute Luft, und es hält die Äpfel länger lagerfähig. Durch die Atemluft wird Sauerstoff verbraucht, der sich sonst an die Arbeit machen und die Äpfel schneller verfaulen lassen würde.

Element: **Luft**
Tagesqualität: **Licht**
Nahrungsqualität: **Fett**
Pflanzenteil: **Blüte**
Körperzone: **Hüfte, Nieren, Blase**
Organsystem: **Drüsensystem**

Waage
zunehmender Mond

Freitag

8

OKTOBER

Element:
Wasser
Tagesqualität:
Feuchte
Nahrungsqualität:
Kohlenhydrate
Pflanzenteil:
Blatt
Körperzone:
Geschlechtsorgane
Organsystem:
Nervensystem

Skorpion
zunehmender Mond

Der Tagesrhythmus der Organe. Von 17 Uhr bis 19 Uhr arbeitet ein zentrales Entgiftungsorgan, die Nieren, am besten, also in dieser Zeit viel trinken! Nach 19 Uhr sollte möglichst nicht mehr viel getrunken werden, besonders nicht vor dem Schlafengehen. Speziell Kakao oder Milch belasten die Nieren, weil Milch nicht mehr gut verarbeitet wird. Die warme Milch vor dem Schlafengehen schadet mehr, als sie nützt! Sie wirkt nicht müde machend, sondern betäubend! Wundern Sie sich dann nicht über schweren Schlaf und schlechte Träume.

Samstag

9

OKTOBER

Lindern und Heilen mit Wildkräutern. Heute: Zahnfleischschwund. Erfolgreichste Maßnahme bei Zahnfleischproblemen ist die Umstellung auf tiereiweißfreie Ernährung. Aber auch diese Kräuter können akut helfen: *Eichenrinde*, *Frauenmantel*, *Vogelknöterich*, *Salbei*.
Ein Spezialtipp: Zähne putzen mit Buchenholzasche kann sogar zur Umkehrung eines Zahnfleischrückgangs führen. Anfangs wurden wir noch belächelt, weil wir die Ersten waren, die sie entwickeln und anbieten ließen. Heute ist sie nicht mehr wegzudenken. Übrigens: Die Industrie bietet jetzt Zahnpasta mit »Holzkohle« an. Sie funktioniert bei weitem nicht so gut wie reine Buchenholzasche.

Skorpion
zunehmender Mond

Element:
Wasser
Tagesqualität:
Feuchte
Nahrungsqualität:
Kohlenhydrate
Pflanzenteil:
Blatt
Körperzone:
Geschlechtsorgane
Organsystem:
Nervensystem

Element:
Feuer
Tagesqualität:
Wärme
Nahrungsqualität:
Eiweiß, Frucht
Pflanzenteil:
Frucht
Körperzone:
Oberschenkel, Venen
Organsystem:
Sinnesorgane

Sonntag

10

OKTOBER

Einfach zum Nachdenken

Wenn man seine Ruhe
nicht in sich selbst findet,
ist es zwecklos,
sie andernorts zu suchen.

François de La Rochefoucauld

Schütze
zunehmender Mond

Wildkräuter – Kraftwerke der Natur. Heute: Schöllkraut (Chelidonium majus). *Warzen* sind ein kleines Übel, mit dem sich fast jeder Mensch irgendwann einmal befassen muss. Das Schöllkraut ist ein hochwirksames und bewährtes Warzenmittel. Beginnen Sie mit der Behandlung einen Tag nach Vollmond und betupfen Sie die Warze jeden Tag mit frischem Schöllkrautsaft. Es genügt, einen Stängel oder ein Blatt abzubrechen, der Saft ist orangefarben und tritt aus der Bruchstelle aus. Unbedingt bei Neumond aufhören! Schöllkraut hilft auch bei *Augenproblemen* und *Störungen der Verdauungsorgane*. Tee, Frischsaft (nur äußerlich!) und Tinktur – das sind die üblichen Anwendungswege.

Montag

11

OKTOBER

Element:
Feuer
Tagesqualität:
Wärme
Nahrungsqualität:
Eiweiß, Frucht
Pflanzenteil:
Frucht
Körperzone:
Oberschenkel, Venen
Organsystem:
Sinnesorgane

Schütze
zunehmender Mond

Dienstag

12

OKTOBER

Element:
Erde
Tagesqualität:
Kälte
Nahrungsqualität:
Salz
Pflanzenteil:
Wurzel
Körperzone:
Knie, Knochen, Haut
Organsystem:
Kreislauf

Steinbock
zunehmender Mond

Gesund bleiben, gesund werden. Wenn Sie einmal ein »dickes Knie« bekommen, lassen Sie nicht einfach mechanisch oder mit chemischen Keulen die Flüssigkeit entziehen, nur um später unter den Nebenwirkungen zu leiden oder immer wieder dasselbe erleben zu müssen. Überlegen Sie in Ruhe, woher es kommen könnte. Solche Depots legt der Körper manchmal an, um nicht vergiftet zu werden. Oft müssten wir als beste Therapie nur für genug Wasser in den »Waschanlagen« des Körpers sorgen (Leber, Nieren, Blase usw.). Nur das Kennenlernen der Ursachen führt zu erfolgreicher Therapie.

Mittwoch

13

OKTOBER

Die Sprache der Natur. Heute: Trockenperioden in der Landwirtschaft. Die Natur sagt uns: »Ihr habt eure Zukunft so gestaltet, dass ihr über viele Jahrzehnte oder vielleicht sogar Jahrhunderte sehr weise mit eurem Trinkwasser umgehen müsst. Für 1 Kilo Getreide sind 1000 Liter Wasser nötig, für 1 Kilo Rindfleisch 14000 Liter, für ein Kilo Tomaten 180 Liter, für ein Kilo Avocado 1000 Liter, für ein Kilo Salat 130 Liter, ein Kilo Mandeln 13000 Liter. 1 kg Kaffee benötigt 21000 Liter. 1 kg Reis 3000 bis 6000 Liter. Und auf Dauer nützt euch das Wasser nichts, meine Erde wird zu schwach, sie zu ernähren. Meine Pflanzen müssen die Chance bekommen, ohne künstliche Bewässerung auszukommen.«

Steinbock
zunehmender Mond

Element:
Erde
Tagesqualität:
Kälte
Nahrungsqualität:
Salz
Pflanzenteil:
Wurzel
Körperzone:
Knie, Knochen, Haut
Organsystem:
Kreislauf

Element:
Luft
Tagesqualität:
Licht
Nahrungsqualität:
Fett
Pflanzenteil:
Blüte
Körperzone:
Unterschenkel, Venen
Organsystem:
Drüsensystem

Donnerstag 14 OKTOBER

Wassermann
zunehmender Mond

Gesund bleiben, gesund werden. Krampfader-Operationen, Venenverödungen – diese Eingriffe zählen zu den häufigsten überhaupt im Chirurgenstand. Die Ursachen-Zusammenhänge sind einfach zu beschreiben: Mangelnde Bewegung, belastende Ernährung. Aber das wissen Sie sicherlich dank Ihres treuen Mondkalenders schon. Weil sie ja nur selten dringlich sind, achten viele Ärzte heute schon mit viel Erfolg auf den richtigen Zeitpunkt solcher Eingriffe – nämlich den abnehmenden Mond, wobei sie die Tierkreiszeichen meiden, die diese Region beeinflussen, Schütze und Wassermann. Bei zunehmendem Mond züchtet man geradezu neue Krampfadern.

Freitag 15 OKTOBER

Der besondere Tipp. Betrachten Sie am Lichttag Wassermann die Strahlen der Sonne einmal mit anderen Augen: Jeder Landstrich unserer Erde birgt Energie, die sich mit Hilfe der wahren Segnungen von Technik und Wissenschaft nutzen lässt. Wo wenig Wind, da viel Sonne. Wo wenig Sonnenenergie, da viel Wasser. Wo keine Wasserkraft, da Erdwärme. Wo keine Erdwärme, da viel Gezeitenenergie. Wo keine Ebbe und Flut, da viel Holz, das sich in Pellets verwandeln lässt. Überall ist erneuerbare Energie in Hülle und Fülle. Und überall ist die Technik vorhanden, um sie wirtschaftlich zu nutzen. Alles rechnet sich, was uns und der Umwelt keinen Schaden zufügt.

Element:
Luft
Tagesqualität:
Licht
Nahrungsqualität:
Fett
Pflanzenteil:
Blüte
Körperzone:
Unterschenkel, Venen
Organsystem:
Drüsensystem

Wassermann
zunehmender Mond

Samstag

16

OKTOBER

Element:
Luft
Tagesqualität:
Licht
Nahrungsqualität:
Fett
Pflanzenteil:
Blüte
Körperzone:
Unterschenkel, Venen
Organsystem:
Drüsensystem

Wassermann
zunehmender Mond

Der besondere Tipp. In unserem Buch *Lebenschance Tiroler Zahlenrad* machen wir Sie mit der besonderen Kraft der Zahlen Ihres Geburtsdatums, aber auch des aktuellen Datums bekannt. Wenn Sie gute Ideen haben, aber niemand Ihnen zuhört, dann versuchen Sie es einmal heute! Ihre »Geschichte« wird bei den Menschen Eindruck hinterlassen. Der Tag kann allerdings auch viel Ungeduld bringen, wenn es mit der Planung hapert. Meiden Sie die Farben Schwarz und Blau in der Kleidung, weil sie die Kräfte dieses Tages noch verstärken würden und ins Gegenteil umschlagen lassen.

Sonntag

17

OKTOBER

Einfach zum Nachdenken

Wer mit dem Leben spielt,
kommt nie zurecht!
Wer sich nicht selbst befiehlt,
bleibt immer Knecht.

Johann Wolfgang von Goethe

Fische
zunehmender Mond

Element:
Wasser
Tagesqualität:
Feuchte
Nahrungsqualität:
Kohlenhydrate
Pflanzenteil:
Blatt
Körperzone:
Füße, Zehen
Organsystem:
Nervensystem

Montag

18

OKTOBER

Element:
Wasser
Tagesqualität:
Feuchte
Nahrungsqualität:
Kohlenhydrate
Pflanzenteil:
Blatt
Körperzone:
Füße, Zehen
Organsystem:
Nervensystem

Der Mond – Ihr guter Freund in Haushalt und Alltag. Wie stets ist ein Wassertag (Krebs, Skorpion, Fische) fürs Pflanzengießen ideal. Heute eine Anmerkung dazu: Immer noch geistert der Ratschlag durch die Pflanzenratgeber, Pflanzen vor dem Winter stark einzugießen, damit sie gut überwintern. Eine solche Rosskur überstehen aber nur sehr stabile Pflanzen. Natürlicher und sinnvoller ist es, die Gießmengen zum Winter hin immer mehr zu reduzieren, damit die Pflanzen nicht erfrieren. Die alten Wurzeln sind dafür stabil genug. Durch zu starkes Einwässern würden neue Feinwurzeln absterben und mit ihnen manchmal die ganze Pflanze.

Fische
zunehmender Mond

Dienstag

19

OKTOBER

Der besondere Tipp. Vollmond ist nicht gleich Vollmond. Besonders bei Vollmond an Widder liegt einiges »in der Luft«. Viele Menschen fühlen sich an diesen Tagen nicht besonders auf der Höhe und reagieren je nach Grundstimmung mit Gereiztheit oder eher depressiver Verstimmung. Gut aufgeklärt ist gut vorbereitet! Sie können jetzt vorbeugen, einfach indem Sie die Energien nicht überbewerten! Das »Geheimrezept« wäre jetzt, nichts von dem, was geschieht, allzu persönlich zu nehmen. Einfach so gut es geht überstehen, denn schon übermorgen weht ein ganz anderer Wind.

Element:
Feuer
Tagesqualität:
Wärme
Nahrungsqualität:
Eiweiß, Frucht
Pflanzenteil:
Frucht
Körperzone:
Kopfbereich bis Oberkiefer
Organsystem:
Sinnesorgane

Widder
zunehmender Mond

Mittwoch

20

OKTOBER

Element:
Feuer
Tagesqualität:
Wärme
Nahrungsqualität:
Eiweiß, Frucht
Pflanzenteil:
Frucht
Körperzone:
Kopfbereich bis Oberkiefer
Organsystem:
Sinnesorgane

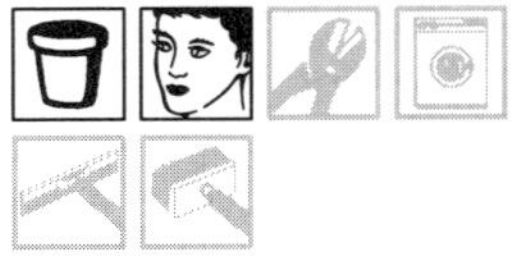

15.57

Widder
Vollmond

Gesund bleiben, gesund werden. Wieder einmal bringt Vollmond einen idealen Fastentag. Deshalb heute ein besonderer Tipp: Appetitlosigkeit im Krankheitsfall mit Fieber ist ein natürliches Körpersignal! Man sollte dann auch tatsächlich nichts essen, auch wenn die Phase zwei Tage oder länger dauert. Jedes Tier hört zu fressen auf, wenn es krank ist, zieht sich zurück und mobilisiert auf diese Weise seine Selbstheilungskräfte. Wir Menschen bekommen dann oft von Eltern oder Umgebung zu hören: »Iss was, damit du gesund wirst.« Hören Sie lieber auf Ihren Körper und gönnen Sie ihm die verdiente und notwendige Pause.

Donnerstag

21

OKTOBER

Der Mond – Ihr guter Freund in Haushalt und Alltag. Ungeliebte Arbeiten mit dem richtigen Zeitpunkt im Mondkalender abgleichen – das ist das ganze Geheimnis so mancher schnell und erfolgreich erledigten »Sisyphus«-Arbeit. Deshalb heute zur Erinnerung: Der Mond unterstützt in den nächsten Tagen bis zum 4. November die Reinigung von grobem Schmutz. Was auch immer Sie gerne anpacken, beachten Sie jedoch: An Wassertagen (Krebs, Skorpion, Fische) im abnehmenden Mond gereinigte Dinge sollten nicht im feuchten Zustand verstaut werden, besonders dann nicht, wenn sie dauerhaft überwintern sollen. Einfach abwarten, bis alles gründlich abgetrocknet ist.

Stier
abnehmender Mond

Element:
Erde
Tagesqualität:
Kälte
Nahrungsqualität:
Salz
Pflanzenteil:
Wurzel
Körperzone:
Unterkiefer, Halsregion
Organsystem:
Kreislauf

Freitag

22

OKTOBER

Element:
Erde
Tagesqualität:
Kälte
Nahrungsqualität:
Salz
Pflanzenteil:
Wurzel
Körperzone:
Unterkiefer, Halsregion
Organsystem:
Kreislauf

Lindern und Heilen mit Wildkräutern. Heute: Darmprobleme. Einer gestörten Verdauung können Sie mit diesen Kräutern auf die Beine helfen:
Kalmuswurzel, Teemischung aus Ringelblume und Schafgarbe und Brennnessel, Tausendgüldenkraut, Schwedenbitter innerlich (stark verdünnt!).
Darmprobleme gehören zuerst ärztlich abgeklärt. Zweitens sind oft psychische Probleme Auslöser Nr. 1. Aber natürlich lässt sich auch mit der richtigen Ernährung viel ausrichten. Leider ist das nicht die Stärke der Ärzteschaft, die oft keine Ahnung hat, was das überhaupt ist. Deshalb müssen Sie selbst die Verantwortung dafür übernehmen.

Stier
abnehmender Mond

Samstag

23

OKTOBER

Der Mond – Ihr guter Freund in Haushalt und Alltag. Heimwerken am Samstag? Ein idealer Tag für Renovierungsarbeiten aller Art, besonders wenn Sie biologische Werkstoffe verwenden. Mit Bio könnten wir alle sehr viel dazu beitragen, dass sich unsere Kinder und Enkel nicht mehr in demselben Maße wie wir mit Krankheiten und Allergien aller Art plagen müssen. Wir werden sicher nicht müde werden, daran zu erinnern, dass jede unserer Kaufentscheidungen weitreichende Folgen für unsere Gesundheit und Umwelt hat. Der Einzelne hat viel mehr Einfluss aufs Weltgeschehen als nur durchs Wählen alle vier Jahre!

Element:
Erde
Tagesqualität:
Kälte
Nahrungsqualität:
Salz
Pflanzenteil:
Wurzel
Körperzone:
Unterkiefer, Halsregion
Organsystem:
Kreislauf

Stier
abnehmender Mond

Sonntag

24

OKTOBER

Element:
Luft
Tagesqualität:
Licht
Nahrungsqualität:
Fett
Pflanzenteil:
Blüte
Körperzone:
Schultern, Arme, Hände
Organsystem:
Drüsensystem

Zwillinge
abnehmender Mond

Einfach zum Nachdenken. Unsicherheit ist der einzige Grund, warum Menschen kämpfen. Der Mensch, der seiner selbst sicher ist, muss nichts mit Gewalt beweisen, deshalb kann er sich mit Würde und Stolz aus einem Kampf entfernen. Er ist der wahre Kampfkünstler – ein innerlich so starker Mensch, dass er es nicht nötig hat, seine Kraft zu demonstrieren. Kernpunkt bei der Meisterung der Kampfkünste ist die Fähigkeit, sich eher einer körperlichen Auseinandersetzung zu entziehen, statt sie zu gewinnen. Diese Haltung der inneren Gewissheit ist es, die sich deinem Gegenüber mitteilt. Er wird erkennen, dass er nur knapp einer Niederlage entronnen ist. *Ed Parker, Karate-Lehrer*

Montag

25

OKTOBER

Gesund bleiben, gesund werden. Zur Erinnerung: Grundsätzlich eignet sich kaum ein Zeitpunkt im Mondkalender besser für Massagen als die Zwillingetage. Manchmal können sich sogar über Jahre bestehende Stauungen und Verspannungen im Körper an Zwillinge lösen. Gerade wenn es um eingeklemmte Nervenbahnen geht (etwa entlang der Wirbelsäule), bringen manche Menschen endlose Leidenswege hinter sich, die nicht selten beim Chirurgen enden, weil die Schulmedizin allzu oft die einfache Lösung ignoriert. Hier können Massagen, Lymphdrainagen und Chiropraktik bei Zwillinge so manches Wunder bewirken.

Zwillinge
abnehmender Mond

Element:
Luft
Tagesqualität:
Licht
Nahrungsqualität:
Fett
Pflanzenteil:
Blüte
Körperzone:
Schultern, Arme, Hände
Organsystem:
Drüsensystem

Dienstag

26

OKTOBER

Österreichischer Nationalfeiertag

Element:
Wasser
Tagesqualität:
Feuchte
Nahrungsqualität:
Kohlenhydrate
Pflanzenteil:
Blatt
Körperzone:
Brustbereich, Lunge
Organsystem:
Nervensystem

Einfach zum Nachdenken

Der Mensch ist schwach, und wenn er Stärke
zum Ziel seines Strebens macht,
ist er sogar noch schwächer.

Antonio Porchia

Krebs
abnehmender Mond

Mittwoch

27

OKTOBER

Schön sein, schön bleiben. Das Symbol für »Haareschneiden und -waschen ungünstig« zeigt heute und morgen an, dass der Tag generell nicht gut dafür geeignet ist. Wenn Sie jedoch einen Friseurtermin nicht aufschieben können oder andere Gründe Sie zum Haarewaschen zwingen, dann keine Sorge: Auch wir verzichten nicht auf den Friseur zum falschen Zeitpunkt, wenn es unumgänglich ist. Das Gegenmittel ist unkompliziert: Wir achten einfach darauf, die nächsten Male einen guten Tag zu wählen, dann gleichen sich die Energien wieder langsam aus. Wer sich täglich die Haare wäscht, sollte zumindest einen der Krebstage auslassen.

Element:
Wasser
Tagesqualität:
Feuchte
Nahrungsqualität:
Kohlenhydrate
Pflanzenteil:
Blatt
Körperzone:
Brustbereich, Lunge
Organsystem:
Nervensystem

Krebs
abnehmender Mond

Donnerstag

28

OKTOBER

Element:
Wasser
Tagesqualität:
Feuchte
Nahrungsqualität:
Kohlenhydrate
Pflanzenteil:
Blatt
Körperzone:
Brustbereich, Lunge
Organsystem:
Nervensystem

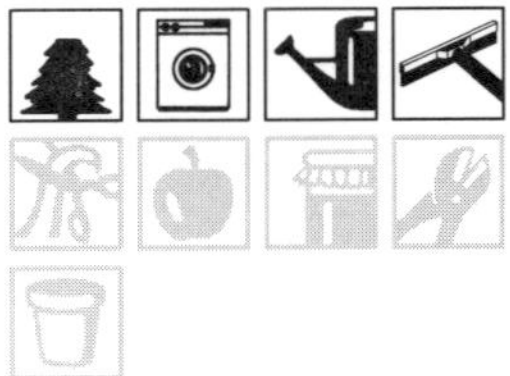

Krebs
abnehmender Mond

Der besondere Tipp. An Krebstagen im Oktober/November möchte man oft am liebsten eine Schale um sich bauen und Winterschlaf halten bis zum Frühling. Eine wirksame Medizin besteht darin, die Lichtquellen bei Ihnen zu Hause genauer anzuschauen und vielleicht auf Tageslichtbirnen zu wechseln. Ein weiterer Tipp zur Entschärfung des Spätherbstes: Musik! Sollten Sie sich nicht mit klassischer Musik anfreunden können, dann möchte ich Ihnen empfehlen, sich Beethovens sechste Symphonie zu besorgen und in Frieden anzuhören. Das wäre ein guter Anfang und nach unserer Erfahrung ein wirksames Mittel gegen den November-Blues.

Freitag

29

OKTOBER

Moon Power für Garten, Feld und Wald. Fast überall muss man ans Verstauen und Einwintern der Gartengeräte, Gartenmöbel und Auflagenpolster gehen. Sie haben das noch nicht getan, etwa weil alles unter einem Verandadach steht? Genau für Sie haben wir die Info, dass heute und morgen (Löwe bei abnehmendem Mond) ein idealer Zeitpunkt dafür wäre. Also ans Werk, und verstauen Sie, was machbar ist. Viele Menschen haben nämlich schon die Erfahrung gemacht, dass Stoffpolster im Frühjahr beim Hervorholen modrig riechen oder gar Schimmel aufweisen. Mit dem richtigen Zeitpunkt können Sie solche Unannehmlichkeiten zuverlässig verhindern!

Löwe
abnehmender Mond

Element:
Feuer
Tagesqualität:
Wärme
Nahrungsqualität:
Eiweiß, Frucht
Pflanzenteil:
Frucht
Körperzone:
Herzregion, Kreislauf
Organsystem:
Sinnesorgane

Element:
Feuer
Tagesqualität:
Wärme
Nahrungsqualität:
Eiweiß, Frucht
Pflanzenteil:
Frucht
Körperzone:
Herzregion, Kreislauf
Organsystem:
Sinnesorgane

Samstag
30
OKTOBER

Moon Power für Garten, Feld und Wald. Morgen, Montag und Dienstag bringt Jungfrau die vielleicht letzten günstigen Tage im Jahr fürs Pflanzen von Bäumen und Sträuchern jeder Art. Also frisch auf zu Ihrem Lieblingsgärtner! Ein Tipp: Wir haben oft erlebt, dass Pflanzen, denen man Pferdemist beim Einsetzen beigibt, trotz gutem Zeitpunkt nach ein oder zwei Jahren verdorren. Kaum eine Pflanze verträgt Pferdemist, weil er sehr »heiß« ist. Er ist am besten weit unterhalb eines Früh- oder Hügelbeets aufgehoben, wo seine Wärme sinnvoll wirken kann. Besser wäre beim Neupflanzen: Den richtigen Zeitpunkt wählen, angießen, fertig!

Löwe
abnehmender Mond

Sonntag
31
OKTOBER
Reformationstag

Einfach zum Nachdenken

Lernen ist wie Rudern gegen den Strom.
Hört man damit auf, treibt man zurück.

Benjamin Britten

Element:
Erde
Tagesqualität:
Kälte
Nahrungsqualität:
Salz
Pflanzenteil:
Wurzel
Körperzone:
Verdauungsorgane
Organsystem:
Kreislauf

Jungfrau
abnehmender Mond

Montag

1

NOVEMBER

Allerheiligen

Element:
Erde
Tagesqualität:
Kälte
Nahrungsqualität:
Salz
Pflanzenteil:
Wurzel
Körperzone:
Verdauungsorgane
Organsystem:
Kreislauf

Jungfrau
abnehmender Mond

Einfach zum Nachdenken. Unrein und verzerrend ist der Blick des Wollens. Erst wo wir nichts begehren, erst wo unser Schauen reine Betrachtung wird, tut sich die Seele der Dinge auf, die Schönheit. Wenn ich einen Wald beschaue, den ich kaufen, den ich pachten, den ich abholzen, in dem ich jagen, den ich mit einer Hypothek belasten will, dann sehe ich nicht den Wald, sondern nur eine Beziehung zu meinem Wollen, zu meinen Plänen und Sorgen, zu meinem Geldbeutel. Dann besteht er aus Holz, ist jung oder alt, gesund oder krank. Will ich aber nichts von ihm, blicke ich nur »gedankenlos« in seine grüne Tiefe, dann erst ist er Wald, ist Natur und Gewächs, ist schön. *Hermann Hesse*

Dienstag

2

NOVEMBER

Wildkräuter – Kraftwerke der Natur. Heute: Spitzwegerich (Plantago lanceolata). Spitzwegerich (wie auch Brennnesseln, Löwenzahn, Gänseblümchen und viele andere Kräuter) ist deshalb eine solch verbreitete Pflanze, weil wir sie brauchen! Bei kleinen *Schnittwunden* beispielsweise ist das beste Mittel, ein paar Spitzwegerichblätter in der Hand zu einem Brei zu quetschen und aufzulegen. Es funktioniert wunderbar und heilt schnell ab – in unseren Breiten das natürlichste Antibiotikum, auch bei tieferen Wunden! Hilft auch gegen *Steinbildung*, *offene Beine*, *Ausschläge* etc. Tees und die Auflage frisch zerdrückter Blätter funktionieren am besten.

Jungfrau
abnehmender Mond

Element:
Erde
Tagesqualität:
Kälte
Nahrungsqualität:
Salz
Pflanzenteil:
Wurzel
Körperzone:
Verdauungsorgane
Organsystem:
Kreislauf

Mittwoch 3 NOVEMBER

Element:
Luft
Tagesqualität:
Licht
Nahrungsqualität:
Fett
Pflanzenteil:
Blüte
Körperzone:
Hüfte, Nieren, Blase
Organsystem:
Drüsensystem

Gesund bleiben, gesund werden. Die Waage-Energie berührt im Körper die Hüftregion. Vielleicht haben Sie Probleme mit der Hüfte, und sie schmerzt heute mehr als sonst? Das kann durchaus der Waage-Mond sein, der hier auf sich aufmerksam macht. Man kann ja immer wieder erleben, wie Schmerzen kommen und gehen, scheinbar ohne Grund und Zusammenhang. An Waage kann die Beweglichkeit durchaus manchmal zu wünschen übriglassen. Meist reagiert man instinktiv mit einer Schonhaltung, aber dieses Schonen ist genau das Verkehrte. Besuchen Sie eine gute Physiotherapie-Praxis und lassen Sie sich die passende Gegenbewegung zeigen.

Waage
abnehmender Mond

Donnerstag 4 NOVEMBER

Der Mond – Ihr guter Freund in Haushalt und Alltag. Wenn es Ihnen wie uns geht, werden Sie im Winter wohl eher selten ans Fensterputzen denken, deshalb ein praktischer Tipp zum Thema »richtiger Zeitpunkt«: Heute wäre die beste Gelegenheit, die »Augen« unserer Behausungen, die Scheiben und Rahmen noch einmal zu reinigen. Die Fenster bleiben viel länger sauber, und Sie brauchen keine chemischen Mittel – Wasser, ein Schuss Spiritus und Zeitungspapier tun es auch. Generell wäre heute auch ein idealer Tag, um noch jeglichen großen Hausputz in Angriff zu nehmen.

Element:
Luft
Tagesqualität:
Licht
Nahrungsqualität:
Fett
Pflanzenteil:
Blüte
Körperzone:
Hüfte, Nieren, Blase
Organsystem:
Drüsensystem

22.14

Waage
Neumond

Freitag

5

NOVEMBER

Element:
Wasser
Tagesqualität:
Feuchte
Nahrungsqualität:
Kohlenhydrate
Pflanzenteil:
Blatt
Körperzone:
Geschlechtsorgane
Organsystem:
Nervensystem

Skorpion
zunehmender Mond

Gesund bleiben, gesund werden. Wie bei jedem Wasserzeichen (also auch an Krebs und Fische) ist an Skorpion alles erfolgreicher und wirksamer, was man für das Nervenkostüm tut. Essen Sie zum Beispiel so viel grüne Lebensmittel, wie Sie Lust haben, und übertreiben Sie ausnahmsweise eher, bevor Grün an Krebs, Skorpion und Fische zu kurz kommt. Der Nierenbereich ist bei Frauen öfter geschwächt als bei Männern. Viel Rohkost wäre da förderlich. Gesunde Nieren und dafür eine geschwächte Milz würden dagegen eher gekochte Lebensmittel verlangen. Wichtig fürs Nervensystem: Viel trinken! Besonders zwischen 15 und 19 Uhr.

Samstag

6

NOVEMBER

Die Sprache der Natur. Heute: Ernteausfälle in der Landwirtschaft. Die Natur sagt uns: »Abgesehen von Ernteausfällen aufgrund eures chaotischen Umgangs mit dem Klima gibt es noch einen anderen Grund für das Auf und Ab der Ernten in der Landwirtschaft. Was reichlich wächst, ist im jeweiligen Jahr günstig für euch und eure Gesundheit. Was dagegen spärlich aufgeht, ist auch in dem Jahr nicht so nötig für euch. Ich schicke euch ganz natürliche Wellenbewegungen, die nur zu eurem Besten waren und sind. Eure Wahnvorstellung, jedes Jahr müsse sich mindestens der gleiche Ertrag wie zuvor einstellen, macht euch anfällig. Es ist derselbe Wahn wie der Irrsinn vom ›notwendigen Wirtschaftswachstum‹.«

Skorpion
zunehmender Mond

Element:
Wasser
Tagesqualität:
Feuchte
Nahrungsqualität:
Kohlenhydrate
Pflanzenteil:
Blatt
Körperzone:
Geschlechtsorgane
Organsystem:
Nervensystem

Element:
Feuer
Tagesqualität:
Wärme
Nahrungsqualität:
Eiweiß, Frucht
Pflanzenteil:
Frucht
Körperzone:
Oberschenkel, Venen
Organsystem:
Sinnesorgane

Sonntag 7 NOVEMBER

Einfach zum Nachdenken

Ein wahrer Freund stellt sich dir
nie in den Weg,
es sei denn, es ginge mit dir bergab.

Anonym

Schütze
zunehmender Mond

Montag 8 NOVEMBER

Der Tagesrhythmus der Organe. Viele Eltern dürfen täglich die Erfahrung machen: Wenn es ihnen gelingt, die Kinder vor 19 Uhr zu Bett zu bringen, schlafen sie oft unproblematisch ein. Nach diesem Zeitpunkt wächst sich das Zubettschicken oftmals zu einem harten Kampf aus, den die Kinder fast immer auf die eine oder andere Art gewinnen, weil man niemanden zum Schlafen zwingen kann. Nicht ohne Grund: Von 19 bis 21 Uhr arbeitet der Kreislauf am besten. In dieser Zeit haben Körper und Geist oftmals ganz andere Dinge im Sinn als Schlaf.

Element:
Feuer
Tagesqualität:
Wärme
Nahrungsqualität:
Eiweiß, Frucht
Pflanzenteil:
Frucht
Körperzone:
Oberschenkel, Venen
Organsystem:
Sinnesorgane

Schütze
zunehmender Mond

Dienstag

9

NOVEMBER

Element:
Erde
Tagesqualität:
Kälte
Nahrungsqualität:
Salz
Pflanzenteil:
Wurzel
Körperzone:
Knie, Knochen, Haut
Organsystem:
Kreislauf

Steinbock
zunehmender Mond

Der besondere Tipp. Das nachlassende Tageslicht lädt in vielen Familien dazu ein, mehr Zeit mit den Kindern zu verbringen. Da trifft es sich vielleicht gut, dass die Tage bis zum Vollmond am 19. November eine ideale Zeit zum Schneiden von Zweigen für Adventsgestecke bringen. Der Schmuck bleibt lange haltbar und schön anzuschauen. Generell sollten Sie bei allen selbstgebastelten Dingen auf den zunehmenden Mond achten. Das Tierkreiszeichen spielt dabei keine solch große Rolle. Bei abnehmendem Mond werden die verwendeten Materialien – Zweige, Bast, Stroh usw. – oftmals zu schnell brüchig.

Mittwoch

10

NOVEMBER

Lindern und Heilen mit Wildkräutern. Heute: Nierenerkrankung. Nieren- und Blasenprobleme reagieren besonders positiv auf *Kamille, Waldgoldrute, Labkraut, weiße und gelbe Taubnessel, Schwedenbitter innerlich (verdünnt) und Umschläge.*
Schwedenbitter sollte man möglichst zu allen Zeiten griffbereit im Haus haben. Er leistet bei Verletzungen und nicht abheilenden Hautproblemen beste Dienste. In erster Linie gehört viel Trinken zu den wichtigen Maßnahmen, und zwar zwischen 15 und 19 Uhr. Probieren Sie eine Teesorte drei Tage lang aus und wechseln Sie, wenn sie Ihnen nicht bekommt.

Steinbock
zunehmender Mond

Element:
Erde
Tagesqualität:
Kälte
Nahrungsqualität:
Salz
Pflanzenteil:
Wurzel
Körperzone:
Knie, Knochen, Haut
Organsystem:
Kreislauf

Element:
Luft
Tagesqualität:
Licht
Nahrungsqualität:
Fett
Pflanzenteil:
Blüte
Körperzone:
Unterschenkel, Venen
Organsystem:
Drüsensystem

Donnerstag

11

NOVEMBER

Gesund bleiben, gesund werden. Vielfach schon haben wir über die Meditationsfarben der Tierkreiszeichen gesprochen. Zum Beispiel heute: An Wassermanntagen wäre es sinnvoll, sich die Unterschenkel einige Minuten lang in farbiges Licht getaucht vorzustellen. Und zwar oben Hellblau und dann ein kräftigeres Blau an den Knöcheln. Wenn Sie darin keine Übung haben, schließen Sie einfach die Augen, stellen Sie sich ein farbiges Tuch vor und hüllen Sie gedanklich mit dem Tuch die Unterschenkel ein. Diese Form der Meditation wirkt kräftigend, ausgleichend und heilend auf Unterschenkel und Venen. *(Lesen Sie morgen weiter)*

Wassermann
zunehmender Mond

Freitag

12

NOVEMBER

Gesund bleiben, gesund werden. Eine gute Durchblutung und ein stabiler Kreislauf sind eine ideale Basis für Gesundheit aus eigener Kraft. Wassermann im zunehmenden Mond ist besonders geeignet für Massagen der Unterschenkel, die tatsächlich zum Aufbau des ganzen Körpers dienen können. Massieren Sie dabei auch vorsichtig die Kniekehlen in einer Aufwärtsbewegung. Viele wichtige Energiebahnen wandern durch diesen »Engpass« und können deshalb alle Organe und Körperregionen gleichzeitig positiv beeinflussen. Tiefenmassagen sollten, wenn möglich, in den abnehmenden Mond verschoben werden.

Element:
Luft
Tagesqualität:
Licht
Nahrungsqualität:
Fett
Pflanzenteil:
Blüte
Körperzone:
Unterschenkel, Venen
Organsystem:
Drüsensystem

Wassermann
zunehmender Mond

Samstag

13

NOVEMBER

Element:
Wasser
Tagesqualität:
Feuchte
Nahrungsqualität:
Kohlenhydrate
Pflanzenteil:
Blatt
Körperzone:
Füße, Zehen
Organsystem:
Nervensystem

Fische
zunehmender Mond

Der besondere Tipp. Fischetage kurz vor Vollmond wirken manchmal wie eine mentale Bremse. Man möchte gerne Dinge aufschieben, die nicht so dringlich sind, und trotzdem bleiben sie mahnend im Hintergrund, weil sie ja doch irgendwann fällig sind. Sie haben dann im Grunde zwei Möglichkeiten: Genießen Sie das Kürzertreten ausgiebig und gehen Sie dann später das Aufgeschobene gelassen an, denn es war ja Ihre Entscheidung. Oder überwinden Sie die Trägheit und erledigen Sie trotzdem alles, was ansteht. Die kommenden Widdertage ab Montag könnten Sie dann befreiter angehen. Die Kopfweh-Gefahr ist dann auch viel geringer.

Sonntag

14

NOVEMBER

Einfach zum Nachdenken

Wenn es keine Alternativen gibt,
gibt es auch kein Problem.

James Burnham

Fische
zunehmender Mond

Element:
Wasser
Tagesqualität:
Feuchte
Nahrungsqualität:
Kohlenhydrate
Pflanzenteil:
Blatt
Körperzone:
Füße, Zehen
Organsystem:
Nervensystem

Element:
Feuer
Tagesqualität:
Wärme
Nahrungsqualität:
Eiweiß, Frucht
Pflanzenteil:
Frucht
Körperzone:
Kopfbereich bis Oberkiefer
Organsystem:
Sinnesorgane

Montag 15 NOVEMBER

Widder
zunehmender Mond

Einfach zum Nachdenken. Wie seelisch, wie geistig, wie liebend ist alles den Kindern. Um zu wissen, was die Welt eigentlich ist, musst du eine gute Erinnerung dieser Jahre haben. »Werdet wie die Kinder, sonst kommt ihr nicht ins Himmelreich.« Das ist der kindliche Sinn, den ich in meinem Herzen so gern pflege: Das von allen unnützen Bedürfnissen befreite Leben, die Freuden, die nur das eigene Herz erschafft und teilt. Aber gibt es denn eine andere Freude als diese? Alles andre ist Irrtum, Zerstreuung oder gar der Ton eines allzu gewohnten Schmerzes. *Charlotte von Kalb*

Dienstag 16 NOVEMBER

Der besondere Tipp. In unserem Buch *Das Tiroler Zahlenrad* machen wir Sie mit der besonderen Kraft der Zahlen Ihres Geburtsdatums, aber auch des aktuellen Datums bekannt. Die besonderen Zahlen heute lassen verborgene Zusammenhänge leichter erkennbar werden als sonst, und das hat die Menschheit schon öfter aufwachen lassen. Heute könnte auch der Schritt zur Umsetzung guter Ideen gelingen. Wir wissen ja alle: Nicht die Menschheit muss sich ändern, sondern nur wir selbst. Wenn viele Einzelne sich aufraffen, heute einen besseren Weg einzuschlagen, dann schaffen wir viel!

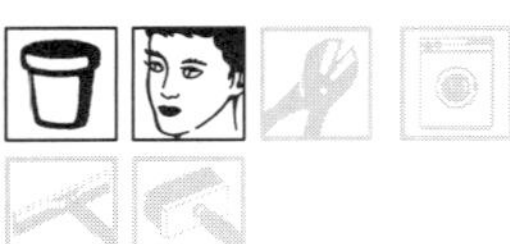

Element:
Feuer
Tagesqualität:
Wärme
Nahrungsqualität:
Eiweiß, Frucht
Pflanzenteil:
Frucht
Körperzone:
Kopfbereich bis Oberkiefer
Organsystem:
Sinnesorgane

Widder
zunehmender Mond

Mittwoch

17

NOVEMBER

Buß- und Bettag

Element:
Feuer
Tagesqualität:
Wärme
Nahrungsqualität:
Eiweiß, Frucht
Pflanzenteil:
Frucht
Körperzone:
Kopfbereich bis Oberkiefer
Organsystem:
Sinnesorgane

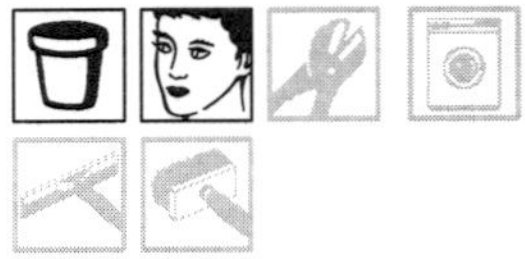

Widder
zunehmender Mond

Einfach zum Nachdenken

Nicht alles, dem man sich stellt,
kann geändert werden.
Aber nichts kann geändert werden,
wenn man sich ihm nicht stellt.

James Baldwin

Donnerstag

18

NOVEMBER

Der Tagesrhythmus der Organe. Wer in den beiden Stunden der »allgemeinen Energiesammlung« zwischen 21 und 23 Uhr anfällig gegen Kälte ist, wer gar nur in einem geheizten Raum einschlafen kann, sollte dieses Signal nicht übersehen. Irgendein körperliches oder seelisches Gleichgewicht ist aus den Fugen und bedarf der Aufmerksamkeit. Diese Zeit ist eigentlich für Entspannung und Regeneration gedacht.

Stier
zunehmender Mond

Element:
Erde
Tagesqualität:
Kälte
Nahrungsqualität:
Salz
Pflanzenteil:
Wurzel
Körperzone:
Unterkiefer, Halsregion
Organsystem:
Kreislauf

Element:
Erde
Tagesqualität:
Kälte
Nahrungsqualität:
Salz
Pflanzenteil:
Wurzel
Körperzone:
Unterkiefer, Halsregion
Organsystem:
Kreislauf

Freitag 19 NOVEMBER

09.57

Stier
Vollmond

Einfach zum Nachdenken. Es gibt für jeden keinen anderen Weg der Entfaltung und Erfüllung als den der möglichst vollkommenen Darstellung des eigenen Wesens. »Sei du selbst« ist das ideale Gesetz, zumindest für den jungen Menschen, es gibt keinen anderen Weg zur Wahrheit und zur Entwicklung. *Hermann Hesse*

Die Sprache der Natur. Heute: Klimaerwärmung. Die Natur sagt uns: »Leute, ich habe Millionen von Jahren damit zugebracht, euch das Klima so angenehm und sinnvoll wie möglich zu gestalten, unter anderem, indem ich das Kohlendioxid aus der Luft gebunden und in der Erde vergraben habe. Merkwürdig, dass es heute noch Holzköpfe gibt, die meinen, es schade nichts, das CO_2 wieder in die Luft zu blasen. Ihr könnt das wieder in Ordnung bringen, aber dazu bedarf es eines Umdenkens. Ich kann nur hoffen, dass manche eurer Sturschädel bald in der Pension landen. ›Nach mir die Sintflut‹ – diesen Gedanken pflegen nämlich nicht nur viele eurer Verbrecher, sondern auch viele, die ihr gewählt habt.«

Samstag 20 NOVEMBER

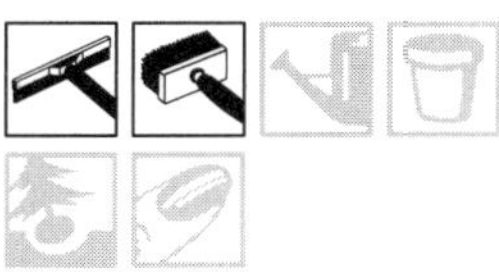

Element:
Luft
Tagesqualität:
Licht
Nahrungsqualität:
Fett
Pflanzenteil:
Blüte
Körperzone:
Schultern, Arme, Hände
Organsystem:
Drüsensystem

Zwilling
abnehmender Mond

Sonntag

21

NOVEMBER

Element:
Luft
Tagesqualität:
Licht
Nahrungsqualität:
Fett
Pflanzenteil:
Blüte
Körperzone:
Schultern, Arme, Hände
Organsystem:
Drüsensystem

Zwillinge
abnehmender Mond

Einfach zum Nachdenken

Es ist nicht leicht,
bei jemandem Verständnis
für etwas zu wecken,
wenn sein Einkommen davon abhängt,
es nicht zu verstehen.

Upton Sinclair

Montag

22

NOVEMBER

Wildkräuter – Kraftwerke der Natur. Heute: »Schwedenbitter«. Eine ganz wunderbare Mischung verschiedener Kräuter und Naturstoffe, grammgenau aufeinander abgestimmt. Das Elixier ist unverzichtbarer Bestandteil unserer Hausapotheke. Machen Sie doch einfach Ihre eigenen Erfahrungen – und Sie werden Schwedenbitter allezeit in Ihrer Hausapotheke führen. Einsatzbereiche für die äußerliche Anwendung: *Verletzungen*, *Wunden*, *Brandwunden*, *Narben*, *Hautausschläge*, *Neurodermitis*, *Akne*, *Nagelbettentzündung*, *Nagelpilz*, *Muskelzerrungen*, *Migräne*, *Schwindel*, *Rheuma*, *Erfrierungen*, *Hämorrhoiden*. Bei *Hühneraugen* und *Warzen* bei abnehmendem Mond unverdünnt aufpinseln.

Zwillinge
abnehmender Mond

Element:
Luft
Tagesqualität:
Licht
Nahrungsqualität:
Fett
Pflanzenteil:
Blüte
Körperzone:
Schultern, Arme, Hände
Organsystem:
Drüsensystem

Element:
Wasser
Tagesqualität:
Feuchte
Nahrungsqualität:
Kohlenhydrate
Pflanzenteil:
Blatt
Körperzone:
Brustbereich, Lunge
Organsystem:
Nervensystem

Dienstag 23 NOVEMBER

Krebs
abnehmender Mond

Einfach zum Nachdenken. Werden wir immer einseitig bleiben? Und weil wir gelernt haben, den Lichtstrahl zu spalten, wollen wir immer nur mit der einen oder anderen seiner Farben spielen, statt die volle Wirkung seiner Glut in einen Brennpunkt zu vereinigen? Wollen wir nie für Denk- und Gefühlskraft gleiche Achtung hegen? Beide in gleichem Maß bilden, entwickeln, berichtigen, durch die reinste Harmonie fest zusammenknüpfen und so durch- und miteinander vervollkommnen? *Emilie von Berlepsch*

LeserInnen fragen, der Mond antwortet. »Bei einem Implantat im Oberkiefer wird ja eigentlich dem Körper etwas zugeführt, also ist wahrscheinlich der zunehmende Mond der beste Zeitpunkt, oder?« Nein! Tatsächlich wird dem Körper etwas zugeführt, aber das Einsetzen ist ja mit einer Operation verbunden, das Zahnfleisch wird verletzt. Operationen sind immer sinnvoller und erfolgreicher bei abnehmendem Mond, die Heilungsphase ist verkürzt, was Ihnen die Chirurgen, die sich bei uns Rat geholt haben, inzwischen gerne bestätigen. Zum anderen sollen hier zwei Stoffe verbunden werden, und das ist bei abnehmendem Mond immer langfristig haltbarer.

Mittwoch 24 NOVEMBER

Element:
Wasser
Tagesqualität:
Feuchte
Nahrungsqualität:
Kohlenhydrate
Pflanzenteil:
Blatt
Körperzone:
Brustbereich, Lunge
Organsystem:
Nervensystem

Krebs
abnehmender Mond

Donnerstag

25

NOVEMBER

Element:
Feuer
Tagesqualität:
Wärme
Nahrungsqualität:
Eiweiß, Frucht
Pflanzenteil:
Frucht
Körperzone:
Herzregion, Kreislauf
Organsystem:
Sinnesorgane

Löwe
abnehmender Mond

Schön sein, schön bleiben. Ein Tipp zum Haarschneidetag Löwe: Haare können sich gleichsam mit belastender Strahlung »aufladen« – ein Effekt, den wir alle indirekt kennen. Denken Sie an das Gefühl, das sich manchmal nach dem Haarewaschen einstellt. Fühlt sich an, als ob ein schwerer Helm abgenommen wird, nicht wahr? Deshalb überrascht es Sie vielleicht nicht, wenn Sie erfahren, dass »geladene« Haare oftmals Kopfschmerzen und Migräne auslösen können und »geladene« Barthaare sogar die Zähne in Mitleidenschaft ziehen. Die Konsequenz aus dieser Information liegt auf der Hand. Lassen Sie es einfach nicht mehr so weit kommen.

Freitag

26

NOVEMBER

Der besondere Tipp. Am Sonntag öffnet sich das erste Türchen im Adventskalender, und vielleicht inspiriert das zum ersten Weihnachtseinkauf morgen. Löwe bringt jedoch wie immer eine ungeduldige und hektische Energie mit, die Sie besonders im Straßenverkehr und im Auftrieb in den Geschäften zu spüren bekommen. Die Ellbogen-Mentalität bricht sich heute eher Bahn – vielleicht nicht der beste Start in den Weihnachtsmonat. Erledigen Sie also besser Dinge, die nicht so viel Nervenkraft brauchen, und warten Sie mit Einkäufen eventuell noch bis Montag. Jungfrau kühlt dann hitzige Löwe-Kräfte auf ein erträgliches Maß.

Löwe
abnehmender Mond

Element:
Feuer
Tagesqualität:
Wärme
Nahrungsqualität:
Eiweiß, Frucht
Pflanzenteil:
Frucht
Körperzone:
Herzregion, Kreislauf
Organsystem:
Sinnesorgane

Element:
Feuer
Tagesqualität:
Wärme
Nahrungsqualität:
Eiweiß, Frucht
Pflanzenteil:
Frucht
Körperzone:
Herzregion, Kreislauf
Organsystem:
Sinnesorgane

Samstag 27 NOVEMBER

Löwe
abnehmender Mond

Schön sein, schön bleiben. Gleichgültig, wie warm oder wie kalt das Wetter daherkommt – an Löwe ist die Gefahr immer größer als sonst, dass die Haut austrocknet und sich stumpf bis papierartig anfühlt. Das gilt umso mehr bei der trockenen Heizungsluft, die uns jetzt in Innenräumen umgibt. Mit einer Feuchtigkeitscreme oder Lotion aus einer guten Naturkosmetikserie lässt sich dem Austrocknen der Haut vorbeugen. Luftbefeuchter können ebenfalls gute Dienste leisten. Schnelle, aber nur kurzfristige Abhilfe leisten nasse Handtücher über der Heizung. Wir halten immer schöne, mit Wasser gefüllte Vasen oder Schalen bereit.

Sonntag 28 NOVEMBER

1. Advent

Einfach zum Nachdenken. Jeder von uns muss für sich selbst finden, was erlaubt und was verboten – ihm verboten ist. Man kann niemals etwas Verbotenes tun und kann ein großer Schuft dabei sein. Und ebenso umgekehrt. – Eigentlich ist es bloß eine Frage der Bequemlichkeit. Wer zu bequem ist, um selbst zu denken und selbst sein Richter zu sein, der fügt sich eben in die Verbote, wie sie nun einmal sind. Er hat es leicht. Andere spüren selbst Gebote in sich, ihnen sind Dinge verboten, die jeder Ehrenmann täglich tut, und es sind ihnen andere Dinge erlaubt, die sonst verpönt sind. Jeder muss für sich selbst stehen. *Hermann Hesse*

Element:
Erde
Tagesqualität:
Kälte
Nahrungsqualität:
Salz
Pflanzenteil:
Wurzel
Körperzone:
Verdauungsorgane
Organsystem:
Kreislauf

Jungfrau
abnehmender Mond

Montag

29

NOVEMBER

Element:
Erde
Tagesqualität:
Kälte
Nahrungsqualität:
Salz
Pflanzenteil:
Wurzel
Körperzone:
Verdauungsorgane
Organsystem:
Kreislauf

Jungfrau
abnehmender Mond

Der Mond – Ihr guter Freund in Haushalt und Alltag. Am Verdauungstag Jungfrau noch ein Tipp: Die Wiederentdeckung alter Backtraditionen macht die vielen Allergien leichter beherrschbar. Verwenden Sie ein einfaches Grundrezept, vielleicht glutenfrei, Abwandlungen mit verschiedenen Gewürzen und Verzierungen, die besonders bei Kindern gut ankommen – das genügt für einen fröhlichen Weihnachtsteller. Wenn Sie gesundes Bio-Dinkelmehl verwenden, sieben Sie es vor der Verarbeitung. Die Kekse werden dann feiner, der Teig lässt sich leichter ausrollen. Bei Dinkel müssen Sie den Teig nicht vorher im Kühlschrank ruhen lassen!

Dienstag

30

NOVEMBER

Der besondere Tipp. Weihnachtliche Stimmung lässt sich nicht nur durch Lieder, sondern auch durch besondere Düfte und Aromaöle bewirken. Füllen Sie eine Duftlampenschale mit Wasser und geben Sie einige Tropfen Ihres Lieblingsduftöls hinzu. Stellen Sie ein brennendes Teelicht darunter und genießen Sie den Tag. An Blütentagen wie heute wirkt der Duft doppelt gut. Achten Sie jedoch unbedingt auf naturreine Öle. Sehr wichtig ist auch der Abstand zwischen Kerze und Schale. Er darf nicht zu klein sein, weil sonst das Wasser schneller verdunstet als das Öl.

Waage
abnehmender Mond

Element:
Luft
Tagesqualität:
Licht
Nahrungsqualität:
Fett
Pflanzenteil:
Blüte
Körperzone:
Hüfte, Nieren, Blase
Organsystem:
Drüsensystem

Element:
Luft
Tagesqualität:
Licht
Nahrungsqualität:
Fett
Pflanzenteil:
Blüte
Körperzone:
Hüfte, Nieren, Blase
Organsystem:
Drüsensystem

Mittwoch

1

DEZEMBER

Waage
abnehmender Mond

Gesund bleiben, gesund werden. Vielleicht kennen Sie schon aus unseren Büchern oder aus eigener Erfahrung die Regel, dass Kräuter an Skorpion gesammelt (also etwa während der kommenden beiden Tage) generell eine hohe Wirksamkeit besitzen, unabhängig davon, für welchen Zweck sie verwendet werden. Heute möchten wir daran erinnern, dass das auch für Kräuter aus Topfpflanzen oder Gewächshäusern gilt! Seltsam ist, dass die Kräuter sehr viel weniger wirksam sind, wenn sie freitags und sonntags gesammelt werden – auch wenn ein Skorpiontag herrscht. Warum das so ist? Es ist ein altes Erfahrungswissen, das sich nur durch sich selbst begründet.

Donnerstag

2

DEZEMBER

Gesund bleiben, gesund werden. Lassen Sie uns auch dieses Jahr an die wunderbare, vorbeugende und heilende Wirkung von Sitzbädern erinnern, die viele unserer LeserInnen erfahren haben. Gerade an Skorpion möchten wir Ihnen diese sanfte Heilmethode nahelegen. In unseren Breiten eignen sich für Sitzbäder am besten die folgenden Kräuter: *Schafgarbe* – sie wirkt stärkend und fördert generell das Wohlbefinden. *Frauenmantel* – ist grundsätzlich bei allen Frauenleiden die beste Pflanze. *Kamille* – wirkt in erster Linie entzündungshemmend. *Hirtentäschel* – besonders gut bei unregelmäßigen und bei zu starken Regelblutungen.

Skorpion
abnehmender Mond

Element:
Wasser
Tagesqualität:
Feuchte
Nahrungsqualität:
Kohlenhydrate
Pflanzenteil:
Blatt
Körperzone:
Geschlechtsorgane
Organsystem:
Nervensystem

Freitag

3

DEZEMBER

Element:
Wasser
Tagesqualität:
Feuchte
Nahrungsqualität:
Kohlenhydrate
Pflanzenteil:
Blatt
Körperzone:
Geschlechtsorgane
Organsystem:
Nervensystem

Skorpion
abnehmender Mond

Gesund bleiben, gesund werden. Kalte Füße und eine schlecht durchwärmte Becken- und Nierengegend können an Skorpion leicht zu Entzündungen von Blase und Nieren führen. Auf Christkindlmärkten, in Kirchen oder anderen kühlen Orten deshalb vorsorgen! So manchen rettet auch ein heißer Glühwein! Gut informiert ist gut vorbereitet: Empfindliche Körperregionen an Skorpion immer gut durchwärmt halten, jedoch nicht so warm, dass man schwitzt – und Sie haben viel für sich und Ihre Gesundheit getan. Dazu gehören auch die Fußsohlen, der Brustbereich, der obere Rücken, Hals und Kopf. Bei Babys und Kindern besonders wichtig!

Samstag

4

DEZEMBER
Barbaratag

Der Mond – Ihr guter Freund in Haushalt und Alltag. Backen Sie in der Weihnachtszeit gerne Plätzchen und Kekse? An diesem Wochenende könnten Sie getrost damit beginnen, die Vorräte an Weihnachtskeksen anzulegen. Der Teig lässt sich gut verarbeiten, das Gebäck wird locker und bleibt lange frisch. Vielleicht geht es Ihnen aber auch wie vielen anderen Familien: So manches Ergebnis eines langen fröhlichen Backtages landet lange vor seiner Bestimmung im Magen. Und je mehr Freude Sie am Backen haben, desto wahrscheinlicher wird das geschehen. Tipp: Verstauen Sie die Kekse am besten in Blechdosen und außer Sichtweite.

08.42

Schütze
Neumond

Element:
Feuer
Tagesqualität:
Wärme
Nahrungsqualität:
Eiweiß, Frucht
Pflanzenteil:
Frucht
Körperzone:
Oberschenkel, Venen
Organsystem:
Sinnesorgane

Element:
Feuer
Tagesqualität:
Wärme
Nahrungsqualität:
Eiweiß, Frucht
Pflanzenteil:
Frucht
Körperzone:
Oberschenkel, Venen
Organsystem:
Sinnesorgane

Sonntag

5

DEZEMBER

2. Advent

Einfach zum Nachdenken

Alle Dinge, die man gegen sein Gefühl
und gegen sein inneres Wissen tut,
anderen zuliebe, sind nicht gut
und müssen früher oder später teuer
bezahlt werden.

Hermann Hesse

Schütze
zunehmender Mond

Einfach zum Nachdenken. Ich wandte mich und sah, wie es unter der Sonne zugeht, dass zum Laufen nicht hilft schnell sein, zum Streit hilft nicht stark sein, zur Nahrung hilft nicht geschickt sein, zum Reichtum hilft nicht klug sein. Dass einer angenehm sei, hilft nicht, dass er ein Ding wohl könne; sondern alles liegt an Zeit und Glück.

Prediger Salomo 9, 11

Montag

6

DEZEMBER

Element:
Erde
Tagesqualität:
Kälte
Nahrungsqualität:
Salz
Pflanzenteil:
Wurzel
Körperzone:
Knie, Knochen, Haut
Organsystem:
Kreislauf

Steinbock
zunehmender Mond

Dienstag

7

DEZEMBER

Element:
Erde
Tagesqualität:
Kälte
Nahrungsqualität:
Salz
Pflanzenteil:
Wurzel
Körperzone:
Knie, Knochen, Haut
Organsystem:
Kreislauf

Steinbock
zunehmender Mond

Gesund bleiben, gesund werden. Die Jahreszeit mit eher nährstoffarmer Ernährung ist angebrochen, und da wäre es eine gute Idee, öfter blutbildende rote Säfte zu trinken: Schwarze Johannisbeere, Rote Bete usw. Allerdings nur, wenn es Ihnen wirklich zusagt! Seit langer Zeit werden uns eine Vielzahl falscher Vorstellungen zum Thema »richtige Ernährung« aufgetischt. Tatsache ist, dass kein Mensch glücklich ist, nur weil er schlank ist – und kein Mensch unglücklich, nur weil er übergewichtig ist. Der Nährboden für echtes Glück beginnt immer im eigenen Kopf und Herz. Die richtige Ernährung spielt dabei eine sehr große Rolle.

Mittwoch

8

DEZEMBER
Mariä Empfängnis

Einfach zum Nachdenken

Das Gestern tiefgründig überdenken,
aufs Morgen behutsame Pläne lenken –
das ist das Mittel der sinnreichen Leute,
um zu verschwenden den Reichtum des Heute.

Oskar Blumenthal

Wassermann
zunehmender Mond

Element:
Luft
Tagesqualität:
Licht
Nahrungsqualität:
Fett
Pflanzenteil:
Blüte
Körperzone:
Unterschenkel, Venen
Organsystem:
Drüsensystem

Donnerstag 9 DEZEMBER

Element:
Luft
Tagesqualität:
Licht
Nahrungsqualität:
Fett
Pflanzenteil:
Blüte
Körperzone:
Unterschenkel, Venen
Organsystem:
Drüsensystem

Wassermann
zunehmender Mond

Der Mond – Ihr guter Freund in Haushalt und Alltag. Immer mehr beherrschen Weihnachtseinkäufe das Straßenbild. Ob fröhliche Aufgabe oder lästige Pflicht, darüber entscheidet natürlich oft Ihre körperliche Verfassung. Das beginnt schon beim richtigen Schuhwerk. Mit Stöckelschuhen endet der Spaß schon, bevor er richtig beginnt. Wählen Sie Ihre bequemsten Schuhe oder nehmen Sie sie in einer Tasche mit, wenn Sie sich nur in eleganten Schuhen richtig wohl fühlen (besonders wichtig heute an Wassermann und morgen an Fische!), wechseln Sie die Schuhe für längere Märsche, und erst vor dem nächsten Geschäft ziehen Sie wieder Ihre »schönen« Schuhe an.

Freitag 10 DEZEMBER

Der besondere Tipp. Gut vorbereitet ist halb gewonnen: An den Fischetagen heute und morgen ist die Wirkung von Nikotin, Alkohol und Medikamenten noch stärker als zu anderen Zeiten bei zunehmendem Mond – wegen der Fische-Kraft. Vielleicht haben Sie es ja schon bemerkt, dass Sie manche Dinge ganz unterschiedlich vertragen. Wenn Fische auf ein Wochenende fällt, ist die Gefahr von Überreaktionen größer als sonst. Ob am ganzen Körper, der Haut oder als spontan einsetzende Kopfschmerzen. Achten Sie einmal bewusst darauf und reagieren Sie mit rechtzeitigem Verzicht.

Element:
Wasser
Tagesqualität:
Feuchte
Nahrungsqualität:
Kohlenhydrate
Pflanzenteil:
Blatt
Körperzone:
Füße, Zehen
Organsystem:
Nervensystem

Fische
zunehmender Mond

Samstag

11

DEZEMBER

Element:
Wasser
Tagesqualität:
Feuchte
Nahrungsqualität:
Kohlenhydrate
Pflanzenteil:
Blatt
Körperzone:
Füße, Zehen
Organsystem:
Nervensystem

Fische
zunehmender Mond

Gesund bleiben, gesund werden. Wenn Sie nach einem langem Arbeitstag im Stehen oder Gehen geschwollene, brennende Füße haben, gönnen Sie sich doch ein entspannendes Fußbad. Wählen Sie eine Duftnote, die Ihnen angenehm ist, und entspannen Sie sich im Lieblingssessel, mit den Füßen im Wasser. Bei Fische im zunehmenden Mond wirkt ein solches Tun doppelt gut. Wenn Sie heute eine Fußreflexzonenmassage erhalten, sollte vorsichtig gearbeitet werden. An Fische sind die Füße besonders empfindlich.

Sonntag

12

DEZEMBER
3. Advent

Einfach zum Nachdenken. Die Welt ist nicht da, um verbessert zu werden. Auch ihr seid nicht da, um verbessert zu werden. Ihr seid aber da, um ihr selbst zu sein. Ihr seid da, damit die Welt um diesen Klang, um diesen Ton, um diesen Schatten reicher sei. Sei du selbst, so ist die Welt reich und schön. Sei nicht du selbst, sei Lügner und Feigling, so ist die Welt arm und scheint dir der Verbesserung bedürftig.

Hermann Hesse

Widder
zunehmender Mond

Element:
Feuer
Tagesqualität:
Wärme
Nahrungsqualität:
Eiweiß, Frucht
Pflanzenteil:
Frucht
Körperzone:
Kopfbereich bis Oberkiefer
Organsystem:
Sinnesorgane

Montag

13

DEZEMBER

Element:
Feuer
Tagesqualität:
Wärme
Nahrungsqualität:
Eiweiß, Frucht
Pflanzenteil:
Frucht
Körperzone:
Kopfbereich bis Oberkiefer
Organsystem:
Sinnesorgane

Der besondere Tipp. Zunehmender Mond in Widder – wie vorigen Samstag liegt oft einiges »in der Luft«, aber Widder bringt eine ganz andere Kraft mit sich. Man fühlt sich oft nicht besonders auf der Höhe und reagiert je nach Grundstimmung mit Gereiztheit oder eher gedrückter Laune. Aber dank Ihrem Mondkalender heißt es: »Gut informiert ist gut vorbereitet!« Sie können jetzt vorbeugen, einfach indem Sie diese Neigungen nicht überbewerten. Das »Geheimrezept« lautet: Nichts von dem, was geschieht, allzu persönlich zu nehmen. Einfach so gut es geht überstehen, denn schon übermorgen weht ein anderer Wind.

Widder
zunehmender Mond

Dienstag

14

DEZEMBER

Der Tagesrhythmus der Organe. Wer Probleme mit der Galle hat, für den sind feuchtwarme Umschläge zwischen 23 und 1 Uhr nachts eine Wohltat, weil die Galle dann am besten arbeitet. Trinken Sie dazu heißen Tee schluckweise, keinesfalls kalte Getränke. Rettichsaft ist ein gutes unterstützendes Mittel. Der Darm sollte entlastet, notfalls mit einem Einlauf ganz entleert sein, der Körper muss warm gehalten werden. Dann kommt eine angeschlagene Galle wieder »auf die Beine«.

Element:
Feuer
Tagesqualität:
Wärme
Nahrungsqualität:
Eiweiß, Frucht
Pflanzenteil:
Frucht
Körperzone:
Kopfbereich bis Oberkiefer
Organsystem:
Sinnesorgane

Widder
zunehmender Mond

Mittwoch

15

DEZEMBER

Element:
Erde
Tagesqualität:
Kälte
Nahrungsqualität:
Salz
Pflanzenteil:
Wurzel
Körperzone:
Unterkiefer, Halsregion
Organsystem:
Kreislauf

Stier
zunehmender Mond

Gesund bleiben, gesund werden. Weihnachtskonzerte finden manchmal in eiskalten Kirchen oder wenig genutzten Sälen statt. Kein Wunder, wenn sich anschließend viele Besucher krank fühlen. An Stiertagen wie heute sollten Sie besonders die Halsregion gut schützen. Beobachten Sie ab und zu einmal, was praktische Ärzte schon längst wissen. Nämlich, dass viele Menschen gleichzeitig die gleichen körperlichen Probleme haben. Die Halsregion ist an Stiertagen empfindlicher, die Brustregion an Krebstagen usw. Mit diesem Wissen sind Sie gut gerüstet, um erfolgreich vorzubeugen.

Donnerstag

16

DEZEMBER

Lindern und Heilen mit Wildkräutern. Heute: Schilddrüsenprobleme. Auch hier gibt es ein Kräuterteam, das die Dinge wieder ins Lot bringen hilft: *Labkraut, Käsepappel, Schwedenbitter (innerlich), Tee aus Ringelblume und Schafgarbe und Brennnesseln.*
Ein guter Homöopath kann helfen, eine Operation zu vermeiden. Hier spielt die Psyche eine große Rolle, und bei der Medikamentengabe darf unter keinen Umständen laienhaft experimentiert werden. Mit viel genauer Beobachtung und Sorgfalt muss gemeinsam mit einem Heilkundigen Ihres Vertrauens eine Lösung gefunden werden. Meistens haben hier Ärztinnen oder Heilpraktiker schneller Erfolg.

Stier
zunehmender Mond

Element:
Erde
Tagesqualität:
Kälte
Nahrungsqualität:
Salz
Pflanzenteil:
Wurzel
Körperzone:
Unterkiefer, Halsregion
Organsystem:
Kreislauf

Element:
Luft
Tagesqualität:
Licht
Nahrungsqualität:
Fett
Pflanzenteil:
Blüte
Körperzone:
Schultern, Arme, Hände
Organsystem:
Drüsensystem

Freitag 17 DEZEMBER

Der Mond – Ihr guter Freund in Haushalt und Alltag. Wenn Sie zu Weihnachten etwas Duftendes, Selbstgemachtes verschenken wollen, ein besonderes Gesteck oder dergleichen, dann herrscht von heute an bis Sonntag eine günstige Energie. Der Duft von Ölen und Blüten ist besonders intensiv und hält lange an. Ein besonderes Geschenk ist auch selbstgemachtes Kräutersalz. Wenn Sie während des Sommers Kräuter zum richtigen Zeitpunkt gesammelt und gelagert haben, dann wäre heute ein guter Zeitpunkt, Ihre getrockneten Lieblingskräuter fein zu bröseln und mit Meersalz oder jodiertem Salz zu mischen. Heute bleibt das Salz schön trocken und klumpt nicht.

Zwillinge
zunehmender Mond

Samstag 18 DEZEMBER

Gesund bleiben, gesund werden. Nutzen Sie den Wochenendfrieden, statt sich mit Freizeitstress zu belasten. Wie wäre es mit einem ausgiebigen Ölbad mit natürlichen Stoffen zum Aufbauen und Kräftigen oder mit einer aufbauenden Gesichtsmaske aus der Naturkosmetik? Tun Sie nur, was allen Freude macht und nicht irgendeinem Leistungsdruck oder Fitnesswahn entspringt. Nur was Sie mit Freude tun, hat Sinn und Wirkung. Alles andere zieht hinab und schwächt.

Element:
Luft
Tagesqualität:
Licht
Nahrungsqualität:
Fett
Pflanzenteil:
Blüte
Körperzone:
Schultern, Arme, Hände
Organsystem:
Drüsensystem

Zwillinge
zunehmender Mond

Sonntag

19

DEZEMBER

4. Advent

Element:
Luft
Tagesqualität:
Licht
Nahrungsqualität:
Fett
Pflanzenteil:
Blüte
Körperzone:
Schultern, Arme, Hände
Organsystem:
Drüsensystem

05.34

Zwillinge
Vollmond

Einfach zum Nachdenken. Es gibt keine Wirklichkeit als die, die wir in uns haben. Darum leben die meisten Menschen so unwirklich, weil sie die Bilder außerhalb für das Wirkliche halten und ihre eigene Welt in sich gar nicht zu Worte kommen lassen. Man kann glücklich dabei sein. Aber wenn man einmal das andere weiß, dann hat man die Wahl nicht mehr, den Weg der meisten zu gehen.

Hermann Hesse

Montag

20

DEZEMBER

Gesund bleiben, gesund werden. Am Kohlenhydratetag Krebs ein Spezialtipp: Versuchen Sie langsam, Zucker und zuckerhaltige Lebensmittel in Ihrem Alltag zu reduzieren. Zucker, vor allem raffinierter weißer Zucker schadet zu allen Zeiten. Kürzlich sprach eine »Ernährungsexpertin« im TV über Zucker und behauptete, dass der Wunsch nach Süßigkeiten »angeboren« sei. Falsch! Zuckerkonsum ist ein Paradebeispiel dafür, wie eine anerzogene Gewohnheit bzw. Sucht sich so tief ins »normale Leben« einschleichen kann, dass wir sie für selbstverständlich halten. Wir bezahlen dafür mit unserer Gesundheit.

Krebs
abnehmender Mond

Element:
Wasser
Tagesqualität:
Feuchte
Nahrungsqualität:
Kohlenhydrate
Pflanzenteil:
Blatt
Körperzone:
Brustbereich, Lunge
Organsystem:
Nervensystem

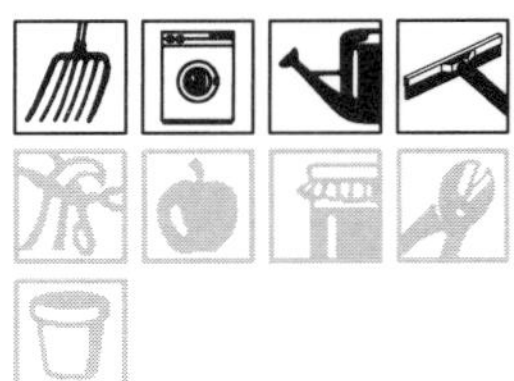

Element:
Wasser
Tagesqualität:
Feuchte
Nahrungsqualität:
Kohlenhydrate
Pflanzenteil:
Blatt
Körperzone:
Brustbereich, Lunge
Organsystem:
Nervensystem

Dienstag

21

DEZEMBER

Krebs
abnehmender Mond

Moon Power für Garten, Feld und Wald. Heute ist der Thomastag, der beste Holzschlagetag im ganzen Jahr. Die Qualität des heute geernteten Holzes ist so gut, dass sie für fast jeden Zweck und Anwendungsbereich von Holz ideal ist – mit Ausnahme von Brennholz, mit dem man heute wohl nicht so glücklich ist. Überall dort, wo es um Dauerhaftigkeit, geringe Bewegung und Schwund, Reißfestigkeit usw. geht, da ist Holz vom Thomastag der Stoff der Wahl. Bedenken Sie jedoch stets, dass alle Regeln zum Holzschlagen nur dann Gültigkeit haben, wenn das Holz auf natürliche Weise getrocknet wird. Nur die Restfeuchte von etwa 20% darf in Trockenkammern schonend beseitigt werden.

Der besondere Tipp. Wollen Sie die besondere Energie der Weihnachtstage auch fürs Meditieren nutzen, dann arbeiten Sie auch ein wenig mit Farben. Die Meditationsfarbe des Tierkreiszeichens Löwe ist Grün. Stellen Sie sich die Herzregion einfach in grünes Licht gehüllt vor. Das wirkt kräftigend, harmonisierend und heilend. Die Wirkung ist tiefgreifend, wenn Sie auch noch nach dem Mondkalender meditieren, also diese Meditation direkt an Löwetagen machen. Ab Samstag dann, im Tierkreiszeichen Jungfrau, wären die Verdauungsorgane dran, die mit der Farbe Gelb positiv beeinflusst werden können.

Mittwoch

22

DEZEMBER

Element:
Feuer
Tagesqualität:
Wärme
Nahrungsqualität:
Eiweiß, Frucht
Pflanzenteil:
Frucht
Körperzone:
Herzregion, Kreislauf
Organsystem:
Sinnesorgane

Löwe
abnehmender Mond

Donnerstag

23

DEZEMBER

Element:
Feuer
Tagesqualität:
Wärme
Nahrungsqualität:
Eiweiß, Frucht
Pflanzenteil:
Frucht
Körperzone:
Herzregion, Kreislauf
Organsystem:
Sinnesorgane

Löwe
abnehmender Mond

Der besondere Tipp. Lassen Sie sich von der kreislaufanregenden Löwe-Energie nicht aus der Ruhe bringen. Die Weihnachtszeit kann durchaus versteckte Gefühle wecken – und ein ausgeglichener, ruhiger Mensch hat heute schon beinahe Seltenheitswert, besonders wenn man alle jene abzieht, die nur äußerlich Gelassenheit zur Schau stellen. Vielleicht gehören gerade Sie heuer zu den Menschen, die sich von der eigentlichen Weihnachtsbotschaft berühren lassen und die echten inneren Frieden einkehren lassen. Wir würden uns für Sie und mit Ihnen freuen.

Freitag

24

DEZEMBER
Heiliger Abend

Medizin für die Seele. Ein Meister fragte eines Tages seine Schüler, wie man das Ende der Nacht vom Beginn des Tages unterscheiden könne. Einer sagte: »Wenn man in der Ferne ein Tier sieht und erkennt, ob es eine Kuh oder ein Pferd ist.« »Nein«, sagte der Meister. »Wenn man erkennt, ob es ein Habicht oder eine Krähe ist, was da fliegt.« »Auch nicht.« »Wie dann?«, fragten die Schüler. »Wenn man in das Gesicht eines Mannes blickt und darin seinen Bruder erkennt; wenn man in das Gesicht einer Frau blickt und in ihr die Schwester erkennt. Wer dazu nicht fähig ist, für den ist – wo immer die Sonne auch stehen mag – Nacht.«

Löwe
abnehmender Mond

Element:
Feuer
Tagesqualität:
Wärme
Nahrungsqualität:
Eiweiß, Frucht
Pflanzenteil:
Frucht
Körperzone:
Herzregion, Kreislauf
Organsystem:
Sinnesorgane

Samstag

25

DEZEMBER

1. Weihnachtsfeiertag

Element:
Erde
Tagesqualität:
Kälte
Nahrungsqualität:
Salz
Pflanzenteil:
Wurzel
Körperzone:
Verdauungsorgane
Organsystem:
Kreislauf

Medizin für die Seele

Die wichtigste Stunde ist immer die Gegenwart,
der bedeutendste Mensch immer der,
der dir gerade gegenübersteht,
und das notwendigste Wohl ist immer die Liebe.

Meister Eckhart

Jungfrau
abnehmender Mond

Sonntag

26

DEZEMBER

2. Weihnachtsfeiertag

Medizin für die Seele. Wir müssen wieder lernen, wir selbst zu sein und die Vielfalt in uns zu fühlen und zu entdecken … Ich habe viele Pflanzen aufmerksam betrachtet. Von den Blättern einer Pflanze, die alle auf demselben Stängel wachsen, ist keines ganz wie das andere. Der Große Geist hat es so gewollt. Für alle Geschöpfe auf der Erde hat er den Lebenspfad bloß im Großen vorgezeichnet; er zeigt Ziel und Richtung, lässt sie aber ihren eigenen Weg dorthin finden. *Lame Deer, Medizinmann*

Element:
Erde
Tagesqualität:
Kälte
Nahrungsqualität:
Salz
Pflanzenteil:
Wurzel
Körperzone:
Verdauungsorgane
Organsystem:
Kreislauf

Jungfrau
abnehmender Mond

Montag

27

DEZEMBER

Element:
Luft
Tagesqualität:
Licht
Nahrungsqualität:
Fett
Pflanzenteil:
Blüte
Körperzone:
Hüfte, Nieren, Blase
Organsystem:
Drüsensystem

Waage
abnehmender Mond

Gesund bleiben, gesund werden. Waagetage im Winter haben manchmal eine merkwürdige Eigenschaft. Sie wirken irgendwie hell und luftig, auch wenn es bedeckt ist und Wolken die Sonne nur ahnen lassen, und sie verführen oft dazu, sich leichter anzuziehen, als es die Temperaturen eigentlich verlangen. Zu Blasen- und Nierenentzündungen kommt es jedoch ausgerechnet an diesen Tagen leichter, weil schon ein leichter Luftzug die Nieren- und Beckenregion belasten kann. Was auch immer Sie heute vorhaben, achten Sie deshalb besonders auf eine gute Durchwärmung dieser Körperzone.

Dienstag

28

DEZEMBER

Gesund bleiben, gesund werden. Mondgymnastik für Waagetage: Legen Sie sich auf den Rücken und legen Sie sich vielleicht ein kleines Kissen unter, um ein Hohlkreuz zu vermeiden. Schieben Sie nun im Ausatmen die Fersen zuerst des rechten Beins nach vorne, als ob Sie es so lang machen wollten wie nur möglich. Halten Sie dabei die Fußspitzen nach oben gerichtet und »schieben« Sie sieben Sekunden lang. Entspannen Sie, atmen Sie tief ein und wechseln Sie dann zum linken Bein. Halten Sie es wieder sieben Sekunden lang »ausgefahren« und machen Sie auch diese Übung insgesamt dreimal.

Waage
abnehmender Mond

Element:
Luft
Tagesqualität:
Licht
Nahrungsqualität:
Fett
Pflanzenteil:
Blüte
Körperzone:
Hüfte, Nieren, Blase
Organsystem:
Drüsensystem

Mittwoch 29 DEZEMBER

Element:
Wasser
Tagesqualität:
Feuchte
Nahrungsqualität:
Kohlenhydrate
Pflanzenteil:
Blatt
Körperzone:
Geschlechtsorgane
Organsystem:
Nervensystem

Skorpion
abnehmender Mond

Der Mond – Ihr guter Freund in Haushalt und Alltag. Um den Hausputz zwischen Weihnachten und Neujahr so angenehm und leichthändig wie möglich zu gestalten, sollten Sie die Kraft der Wassertage im abnehmenden Mond nutzen. Heute wird alles schneller sauber und trocknet dann leichter. Wenn Ihnen ein größerer Hausputz vorschwebt – mit Gardinen waschen, Teppiche reinigen, Küche oder andere Räume neu weißeln usw. –, dann steht Ihnen der abnehmenden Mond bis Sonntag zur Seite.

Donnerstag 30 DEZEMBER

Gesund bleiben, gesund werden. An Skorpiontagen ist eine Fingerarbeit am Zeigefinger sinnvoll und wirksam. Über Energiekreisläufe steht er auch mit den Nieren in Verbindung, ihre Funktion kann dadurch positiv beeinflusst werden. Gleichzeitig ist der Zeigefinger mit dem Gemütszustand Angst verbunden. Das kurze Halten des Zeigefingers bei angsterregenden Situationen (etwa Prüfungsangst oder eine Nervosität, weil Sie morgen die Silvesterparty organisieren müssen) kann schnell beruhigen und regulierend wirken.

Element:
Wasser
Tagesqualität:
Feuchte
Nahrungsqualität:
Kohlenhydrate
Pflanzenteil:
Blatt
Körperzone:
Geschlechtsorgane
Organsystem:
Nervensystem

Skorpion
abnehmender Mond

Freitag

31

DEZEMBER

Silvester

Element:
Wasser
Tagesqualität:
Feuchte
Nahrungsqualität:
Kohlenhydrate
Pflanzenteil:
Blatt
Körperzone:
Geschlechtsorgane
Organsystem:
Nervensystem

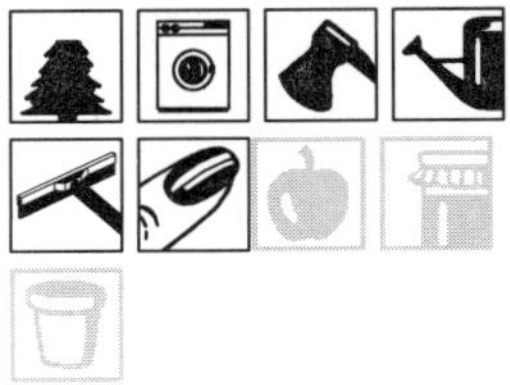

Skorpion
abnehmender Mond

Medizin für die Seele

Jeden Augenblick des Lebens, er falle aus welcher Hand des Schicksals er wolle, den günstigsten so wie den ungünstigsten zum bestmöglichen machen, darin besteht die Kunst des Lebens und das eigentliche Vorrecht eines vernünftigen Wesens.

Johann von Lichtenberg

Samstag

1

JANUAR

Neujahr

Wir möchten Ihnen alles Liebe und Gute für 2022 wünschen! Möge in Erfüllung gehen, was Sie sich für die Zukunft wünschen, möge kommen, was Sie für Ihren Weg brauchen.

Ihre Johanna Paungger-Poppe
& Thomas Poppe

Schütze
abnehmender Mond

Element:
Feuer
Tagesqualität:
Wärme
Nahrungsqualität:
Eiweiß, Frucht
Pflanzenteil:
Frucht
Körperzone:
Oberschenkel, Venen
Organsystem:
Sinnesorgane

Die *Paungger & Poppe*-Service-Seiten

Der Mond im Internet

Wir haben unsere Zelte inzwischen ja auch im Internet aufgeschlagen: **www.paungger-poppe.com** – so lautet die Adresse. Hier finden Sie Infos zu allen möglichen Dingen, Leseproben, Vortragstermine, können auch unsere Bücher, Kalender und Produkte direkt bestellen und den Alpha-/Omega-Fragebogen und die Gesundheitswochen-Infos direkt herunterladen. Sagen Sie es all Ihren Freunden, Verwandten und Bekannten in aller Welt: Die Homepage ist jetzt auch komplett in Englisch online!

Mondwochen mit Johanna Paungger-Poppe

Es sind jetzt schon über 1000 LeserInnen, die an einer Gesundheitswoche mit Johanna teilgenommen haben, viele davon mehrmals in den Wochen für »Fortgeschrittene«. Für alle war es ein besonderes Erlebnis und für viele sogar ein Wendepunkt im Leben. Weil immer wieder der Wunsch auftaucht, an solchen Wochen auch in Deutschland teilnehmen zu können, sind wir auf der Suche nach einem geeigneten Hotel. Die Küche müsste bio und vegan kochen können und die Sache mit dem Ernährungstyp Alpha und Omega erlernen wollen. Nur so können wir unseren LeserInnen geografisch entgegenkommen. Schreiben Sie uns mit Ihrer Anfrage und eventuell mit Tipps.

Der Alpha-/Omega-Ernährungstyp

Von entscheidender Bedeutung für die Umstellung auf eine gesunde Ernährung ohne Diätstress ist die Kenntnis des eigenen Ernährungstyps. Gesundheit aus eigener Kraft ist erst dann ein mühelos erreichbares Ziel. Unsere Arbeit auf diesem Gebiet trägt inzwischen Früchte, und wir freuen uns täglich über die positiven Zuschriften. Natürlich ist es manchmal schwierig, nach Jahrzehnten der Gewöhnung an bestimmte Nahrungsmittel den Ernährungstyp auf Anhieb zu erkennen. Hier unser Angebot: Auf unserer Website **www.paungger-poppe.com** ermitteln wir für Sie den persönlichen Ernährungstyp anhand eines Fragebogens (Menüpunkt »Service«). Sie erhalten nach einigen Tagen Ihre Auswertung und eine genaue Beschreibung des ermittelten Ernährungstyps zum Preis von € 18,– (E-Mail).

E-Mail-Sonderpreis für »Mondjahr«-LeserInnen!
€ 17,–
Bitte einfach den Gutscheincode eingeben:
AOMondjahr2021

* * *

Ihr persönlicher Biorhythmus
Wie wertvoll es ist, den persönlichen Biorhythmus zu kennen, haben wir besonders ausführlich in unserem Buch *Aus eigener Kraft* dargestellt.

Unser Angebot: Wir rechnen Ihren persönlichen Biorhythmus (mit integriertem Mondkalender!) für ein ganzes Jahr im Voraus aus. Sie erhalten eine ausführliche Anleitung im DIN-A4-Format zum Selbstausdruck. Das kann auch ein wertvolles und wirklich individuelles Geschenk für liebe Mitmenschen sein! Auf unserer Website direkt bestellbar, unter Menüpunkt „Service" zum Preis von € 26,– (E-Mail).

Rund um den richtigen Zeitpunkt

Oftmals werden wir gefragt, warum unsere Kalender nicht Angaben zum richtigen Zeitpunkt von Geschäftsabschlüssen, Verhandlungen, Liebe nach dem Mond usw. enthalten. Die Antwort fällt nicht schwer: Nichts von dem, was in anderen Mondkalendern auf dem Buchmarkt zusätzlich enthalten ist, wird in irgendeiner Weise vom Mond beeinflusst oder eignet sich zur Aufnahme in einen Kalender. Die Frage, warum sich manch andere Mondkalender von unseren unterscheiden, beantworten wir ausführlich per Brief, wenn Sie wollen. Hier nur so viel: Unsere Kalender sind nicht »unsere« Kalender. Sie werden seit Jahrtausenden so und nicht anders berechnet und verwendet. Andere Kalender sind nicht unbedingt falsch, aber sie sind nicht Grundlage des Wissens gewesen, das wir Ihnen in unseren Büchern nahebringen. Wer sich in der Praxis des Mondwissens auskennt, findet schnell heraus, womit er arbeiten kann und womit eher nicht. Manche Kalenderverfälschung geschieht absichtlich. Im Laufe der Geschichte ist das Mondwissen immer wieder auch deshalb in Vergessenheit geraten, weil ein Naturgesetz an der Arbeit ist, nämlich dass sich Kirchen und Staat stets vor dem mündigen Bürger fürchten. Ein unabhängiger, selbstverantwortlicher Geist ist für jedes Macht- und Ausbeutungsinteresse kein lohnendes Opfer. Wer erkannt hat, dass echtes Glück niemals von Äußerlichkeiten abhängt, entgleitet ihren Fängen. Und Wissen ist für manche die größte Bedrohung. Glücklicherweise leben wir heute in Zeiten mit relativ großer Freiheit, sich korrekt zu informieren, der eigenen Erfahrung zu vertrauen und nach ihr zu handeln. Nutzen wir diese Freiheit!

Mit unserem Mond-Versand immer auf der Höhe!

Wenn Sie sich generell für unsere Arbeit, für Kalender, Bücher und gute Sachen rund um den richtigen Zeitpunkt interessieren und stets auf dem Laufenden bleiben wollen, schreiben Sie uns und fordern Sie kostenlos unseren kleinen Versandprospekt an. Bei der unten stehenden Adresse können Sie auch alle Serviceleistungen, Alpha-/Omega-Auswertung, Biorhythmus usw. anfordern. Warum gibt es den Mondversand eigentlich, werden wir oft gefragt. »Warum tun Sie sich das auch noch an?«, wollte so manche(r) wohlmeinende(r) LeserIn wissen. Nun, erstens wollen wir zeigen, dass unsere Vorfahren keine Narren waren in ihrer Achtsamkeit auf den Lauf des Mondes und auf die Gesetze, die den »richtigen Zeitpunkt« bestimmen. Die Zukunft zwingt uns, wieder auf natürliche, umweltschonende und damit menschenwürdige Methoden der Herstellung von Gebrauchsgegenständen zurückzugreifen. Wir tun es schon jetzt. Zweitens bemühen wir uns alle gemeinsam, Fairness walten zu lassen – faire Herstellung ohne Ausbeutung von Mensch und Natur, faires Miteinander im Handel. Wir fördern ehrliche Arbeit und altes Handwerk. Immer mehr Menschen sollen verstehen: Durch Spekulation und Ausbeutung verdientes Geld ist menschenunwürdig und im wahrsten Sinne umweltschädlich. Nur echtes Miteinander löst alle Probleme. Das Gegeneinander in der Welt dient bestimmten Interessen. Es sind niemals Ihre Interessen, liebe LeserInnen! Deshalb ist es uns eine besondere Freude, Ihnen weiterhin unsere einmalige Kosmetik »vom richtigen Zeitpunkt« anzubieten, unsere echten Lebensmittel und Mond-Tees, die Kräuterkissen, die schönen Dinge aus Mondholz »vom richtigen Zeitpunkt«, die Alpha-/Omega-Pausensnacks für Büro und Schule usw. Wir informieren Sie:

Mondversand
Johanna Paungger
und Thomas Poppe
Postfach 3
A-5230 Mattighofen
Fax: +43 732 210100159
E-Mail: info@mondversand.at
www.paungger-poppe.com
www.mondversand.at

Liebe Leserinnen und Leser, bitte haben Sie Verständnis, wenn wir es nicht immer schaffen, alle privaten Anfragen zu beantworten. Bis heute können wir diese Arbeit nur persönlich erledigen.